新时代教师教育丛书

丛书主编 | 袁振国

师生沟通的艺术

（第3版）

屠荣生◎编著

教育科学出版社
·北京·

新版序言

用“心”沟通，其乐无穷！

光阴荏苒，从 2001 年本书初版，到 2007 年第 2 版，再到如今第 3 版问世，二十多年过去了。这二十多年里，我教过“公共教育学”，开设过“师生沟通的艺术”公共选修课，转入心理与认知科学学院应用心理学系任教后，为本科生和研究生开设过“管理心理学”“团体心理训练”等课程，还陆陆续续为企事业单位做过几千场培训。

回顾几十年的讲台生涯，我自己很有幸福感。为什么？现在想想，是因为自己面对学生时，一直是乐在其中的。直到今天，每次走上讲台之前，我都有一种兴奋的感觉，因为我对教师工作是真心喜爱的。我对师生沟通有太多切身的体会，也很想分享给广大教师朋友。加上本次修订正处“抗疫”时期，我和大多数人一样，有了很多反思人生的体验，也有一些豁然开朗、返璞归真的感悟。这种感悟使我有了一种发自内心的冲动，希望和新老读者再来一次用“心”沟通。

本次修订做了以下几方面的努力：

1. 增强理论诠释 拓宽应用场景

关于师生沟通，教育学和心理学的各个分支领域都有自己的理论诠释，如教育学中的德育、教师教育、教育社会学，心理学中的教育心理学、社会心理学、管理心理学等都有所涉及。一线教师一般不可能对这些学科都有系统全面的学习和研究。本次修订进一步打破了学科界限，全面考虑教师的工作需求，涉及范围覆盖到线上线下、课堂内外等方方面面，从而大大拓宽了教育学和心理学理论的应用场景。

本书还有一个鲜明的特色，就是更多地偏向用管理心理学的方法论来分析问题、解决问题，这不仅和我从事的专业领域有关，更重要的是我在强调一个理念：教师最重要的一个角色就是管理者。教师的工作首为育人，次为教书，教书是育人的路径，育人者必然是管理者。对于教师是否属于管理者，尽管学术上还有争议，但想做一个好教师，一定要学好、用好管理心理学，这个道理已经被教育实践所证实。

根据以上想法，这次修订在理论知识点的阐述方面有所加强，在上一版的基础上，增加、重写或改写了一些重要章节；破除了师生沟通就是给教师普及心理咨询知识的错误理念，而是从教师全方位的工作需要出发，增加了社会心理学、管理心理学等学科知识的应用指导。同时，删繁就简，强干弱枝，删除了一些章节和文字，包括个别西方的教育理念、过时落伍的咨询方法、不够贴切的案例等。

2.“学会了”比“看懂了”更重要

这些年来，教育培训中强调最多的重要理念是：“听懂了”没有用，“学会了”最重要。教师教育同样如此。

听到过不少教师对教师培训的吐槽：无效或低效、面子工程、无的放矢、不接地气等。因此，给各类教育工作者提供一种训练型教材，让大家学起来轻松愉快，又能结合实际学以致用，这是本书初版时就定下的宗旨。这次修订初心未变，而且做了更多的努力 。

首先，本书中所有的理论知识并不是用教条式的方法灌输给读者，而是通过案例解析等方式，把它们潜移默化地渗透到每个章节中，让读者能自然而然、轻松愉快地接受和消化。值得提醒的是，希望读者能认真阅读每一章的引子，因为引子里提纲挈领地指出了和本章内容有关的理论亮点，让读者一开始就聚焦到对核心问题的思考。

其次，本书增加了很多一线教师提供的师生沟通方面的真实案例。提供案例的教师有的是中小学的骨干心理教师，有的是班主任，这就大大加强了本书的真实性、工具性和实用性，更能达到学以致用的效果。

最后，除了每章开头都有引子以外，每章的结尾也都有参考练习题，便于广大教师读完以后自己测测、练练，还可以用来和同事讨论、培训新教师或师范院校实习生，起到一种训练型教材的作用。

3. 跟上时代快速变化的步伐

随着时代的变化，师生沟通也面临许多新的挑战，如线上沟通、校园危机、疫情应对等。本次修订增加了和这些内容有关的新章节，例如，针对带给教师最大心理压力的“心魔”——家长—教师微信群，本书做了一些卓有成效的探讨。提供这些章节初稿的是来自中小学一线的骨干心理教师和班主任，里面有很多他们自己的切身体会，非常真实，很有研究意义和参考价值。这些内容主要出现在第三、四、五章里。由于目前学术界对这些新生事物的研究时间较短，还不够广泛和深入，希望这些章节能起到抛砖引玉的作用，推动教育学、心理学领域的研究者和广大教育工作者对此做进一步的深入研究。

最后，想用德国“造桥市长”的故事来说明用“心”沟通的重要性：

第二次世界大战后，德国满目疮痍、庐舍为墟。这时，一位知名人士出任某市市长。这个城市位于两条河之间，原有的桥在战争中被炸毁。市长到任后的第一件事就是下令修桥。当时哀鸿遍野，迫切需要建设住宅、医院、学校、商场，然而这位市长力排众议，不改初衷。两桥修成，运输畅通，城市迅速复兴。这时，很多人才认识到这位市长确有先见之明。

有人得到启发：沟通就是架设心灵之间的桥梁，而不是建造仅可容膝的碉堡。有人发出感慨：有了桥，你就拥有了世界，甚至拥有了整个宇宙。

教育能否成功取决于多种因素，其中一个最重要的因素是教师与学生之间的沟通质量。从这个意义上来说，师生沟通就是架“桥”，构筑一座通往教育目的的“心灵之桥”。教师是这座“心灵之桥”的主要设计者和建造者。能让本书为广大教育工作者的“架桥工程”助力，不亦乐乎。

用“心”沟通，其乐无穷！

屠荣生

2022年7月

目 录

第一章　沟通一定有规律

——师生沟通的八大心理学效应

一批师范大学的学生在一所中学里实习。由于和中学生年龄差不多，所以他们经常和学生在一起说说笑笑。学生们都说："这些新老师一点儿也没有老师的架子。"

这时，一位老教师语重心长地教诲这些实习生："你们这些年轻人啊，真是不知道怎样处理师生关系。老师就得像个老师，学生就得像个学生，这和一般的人际关系是完全不一样的。如果你们不懂得这一点，弄得学生以后看到你们都不怕，恐怕他们就会骑到你们头上来了。"

其实，这位老教师提出了师生沟通中的一个重要观点：师生沟通实际是一种人际互动，处理师生沟通问题时应该更注重这种人际互动的特殊性。

在教育实践中我们发现，学生往往是先喜欢老师，再喜欢他提供的教育。学生很注重对老师的整体感觉是"喜欢"还是"不喜欢"，然后据此决定对其教育是"接受"还是"不接受"。很多学生表示，他们不喜欢那种一直端着架子、戴着教师面具一成不变的老师。

所以，虽然师生之间的人际关系有特殊性，但师生沟通首先是一种人际交往，需要遵循人际交往的普遍规律，只强调这种人际关系的特殊性是舍本逐末式的思维方式。

一般说来，教师首先要掌握与人打交道的一般规律，然后才是与学生打交道的特殊规律。这就是先学会"做人"，再学会"做老师"的道理。所以，教师首先要知道一些人际交往的社会心理学规律，了解相关的心理效应以及它们在师生沟通中的应用。

网络上可以找到各种各样的"心理效应"，其实它们就是一些心理学规律通俗易懂的表达方式，不一定严谨，但很实用。下面介绍几个和师生沟通直接相关的社会心理学效应。

第一节 影响力此消彼长效应

沟通一般都有明确的目的，因而就产生了“究竟是谁影响谁”这个关键问题。在师生沟通中，教师一般都希望能影响学生，但如果不能达到目的，反过来的情形就难说了。所以，提升教师的影响力是增强师生沟通效果的治本之策。

一、影响力中的禅机

下面这个哲理故事很能说明这个道理。

一个小和尚跟着老和尚学禅。一天早上，老和尚给小和尚布置功课。老和尚指着禅房里的一缸金鱼对小和尚说：“今天师父布置的‘功课’是，你要一直盯着金鱼看，尽量不眨眼，同时对着缸里的金鱼不断地点头。”

小和尚问：“师父，是不是时间长了，缸里的金鱼也会向我点头啊？”老和尚说：“也许是吧。”说完，老和尚就出去了。

小和尚看着这些摇头摆尾、嘴巴一张一合、游来游去的金鱼，心里将信将疑。按照老和尚的吩咐，小和尚开始站在鱼缸前，对着金鱼不断点头。一个上午下来，他已觉得疲惫不堪。这时，老和尚回来了。小和尚对老和尚说：“师父，它们还是老样子。”老和尚说：“这说明你的心还不够诚。”

下午，小和尚继续对着金鱼点头，一直点到黄昏。这时，小和尚已经头晕眼花，浑身乏力。等师父一回来，小和尚就沮丧地对老和尚说："师父，它们还是老样子！"老和尚说："这说明你的心还是不够诚，晚上继续做。"

晚上，小和尚只好硬撑着继续做师父布置的"功课"……

夜深人静时，师傅回来了，他看到的是这样一幅情景：小和尚不断地左右摇头，双膝摆来摆去，嘴巴一张一合，活脱脱一条金鱼！

看来，老和尚是想让小和尚通过亲身体验懂得这样一个道理：如果你不能影响你的对手，就一定会被对手所影响！

对师生沟通来说，这确实是一条最重要的金科玉律。因为教师如果不能对学生发挥自己的影响力，那么沟通的目的就无法实现。反之，他还很有可能被学生所左右，陷入尴尬甚至"悲惨"的境地。调查发现，在一些学生素质较差的学校，有些初入教坛的年轻教师才上了几堂课，就被学生整得"万念俱灰"，从而退出了教师生涯。

二、怎样提升教师的影响力

增强教师的影响力涉及许多方面的因素，但以下几个方面的因素十分重要。

1. 权威性

如果教师的专业知识、业务技能、学历背景等都令学生佩服，他对学生的影响力就大。所以，在当今的学习型社会中，教师应该让自己各方面的"资本"不断增值，以应对变化越来越快的大环境。

2. 品行道德

如果教师在个人品质、为人处世等方面都能做到以身作则、为人师表，他对学生的影响力就大。

中国传统文化崇尚的是学高为师、身正为范。司马光的名言是“德者，才之帅也”。所以，在中国人的心目中，一个品德出了问题的人是最被人看不起的。如果是为人师表的教师，则更为严重。在政治心理学的一些调查中发现，在中国，如果某人在经济或生活作风方面出了问题，不管工作和其他方面表现如何，人们对他的评价都会一落千丈。所以，教师在以上两方面洁身自好尤为重要。

3. 性格特点

如果教师主动、坚毅、果断、公正、热情，他们对学生的影响就大。

值得指出的是，在心理学的性格分类中，有 I 型性格和 Me 型性格之分。

I 型性格的人比较我行我素，不是很在乎别人对自己行为的评价。而 Me 型性格的人则为人处世十分谨慎，尤其在乎别人对自己行为的评价。

有心理学家认为，每天花多少时间照镜子，往往是区分这两种性格的一个重要指标。如果教师是个 Me 型性格的人，又不能主动地重塑自己的性格，他就不适合当教师，至少不太可能成为一名优秀的教师。

当然，教师的影响力还与他们的语言艺术、形象体态等其他因素有关，这在本书的后面几章有较为详尽的论述。

现在已经有人提出要开设教师影响力提升、教师魅力塑造等课程来专门训练教师，使教师能最大程度地发挥自己的影响力。

第二节　首因效应和近因效应

首因效应和近因效应的说法其实借鉴了普通心理学中关于记忆的研究。

心理学家发现，当人们背诵一篇较长的材料时，印象比较深刻、不容易忘记的是材料的开头和结尾部分，而中间部分的材料会因为前摄抑制、后摄抑制以及疲劳抑制等原因忘记得较快。后来人们发现，人际交往中这个原理同样适用。

一、首因效应的应用

首因效应又称为“第一印象”，是社会心理学中有关人际知觉的经典内容。

社会心理学家通过许多实验证明：在人际交往中，对某人的最初印象在很长一段时间内影响着对该人以后一系列心理及行为特征的解释。教育心理学也据此认为，教师给学生的第一印象对教师威信的形成有重要的影响。

由于教师职业的特殊性，他们经常教不同的班级和学生，有时还可能到其他学校以及企事业单位去讲课。与从事其他职业的人相比，教师一生中的“第一次亮相”会很多。

许多老教师在总结自己的第一印象管理经验时，提出了行之有效的“五个一”：见好第一次面，讲好第一次课，批好第一次作业，开好第一次班会，处理好第一起班级突发事件。

也有些心理学者总结出了在一般人际交往中做好第一印象管理的几个心理学技巧，教师完全可以借鉴。

（1）注意说话方式

一般来说，说话声音颤抖以及语调过于平静，都很难让对方印象深刻，因为说话声音颤抖是一种极不自信的表现，而语调过于平静会让人感觉这个人的个性比较刻板木讷。所以，说话时一定要口齿清楚、有礼貌、语调沉稳、语气坚定，展现出该有的自信。

（2）善用肢体语言

一个人如果做出一些不恰当的肢体动作，即便没有做错任何事，也可能会让他人本能地给出负面评价。因此，教师要特别重视自己的肢体语言表达。

（3）经常展现微笑

微笑可以舒缓情绪，减轻初次见面的压力。心理学家认为，微笑是人与人会面时最难忘的特征，所以，友善、灿烂的笑容可以让你在社交中给他们人留下深刻的印象。

（4）穿着打扮得体

如果你穿着得体舒适，还有自己的风格特点，就一定会给对方留下不错的印象。相反，那些庸俗或略带夸张的服饰就尽量不要穿了。

（5）找到彼此的共同点

人们通常喜欢跟和自己相似的人交往，因此，要想和别人建立良好的关系，就需要找到你们的共同点。教师和学生一般年龄上有差异，要想找到和学生的共同点，要有意识地做好功课，有所准备。

（6）不怕暴露自己的缺点

每个人都喜欢真实的人，这也是给他人留下良好印象的重要秘诀。不要试图做到完美，虚伪的完美会让人本能地产生反感。

其实，首因效应可以说是一般人都知道的常识。但是，作为教师，不光应该懂得塑造第一印象的重要性，还要有意识地在实践中用好这个心理学效应。

当然，要真正给学生留下良好的第一印象，主要还有赖于教师自身各方面素质的提升，而不能仅靠一时的蓄意表演。

二、近因效应的应用

当人们接触时间长了、彼此十分了解以后，首因效应的作用就会大大下降，而沟通结束时的语言信息就变得更加重要。

所以，有人总结说：熟人之间沟通时，最后的话就是拍板的话。

师生沟通结束时，教师可以从以下几方面着手，以便更好地发挥近因效应的作用。

1. 总结

例如，教师在班会结束时说："各位同学，今天老师虽然说了很多有关班级的问题，但是总结一下，无非是三个方面的内容：第一，……；第二，……；第三，……。"言简意赅的总结，让学生很快就领会了教师讲话的要义。

2. 补漏

例如，教师说："最后需要特别说明一下，今天老师说的教辅书问题，并不是说每个学生必须得买，因为……”及时的补漏，避免了一些可能的误解，以免自己今后的工作陷入被动局面。

3. 安抚

例如，在疾言厉色地批评了一名学生之后，教师停顿了一下，然后轻轻地拍着这名学生的肩膀，语调温和地说：“对不起，刚才我很激动，批评你严厉了一点，但这是真心为你好。因为你在老师的心目中还是一个好学生，所以对你要求会比别人高。回去后多想想今后如何进步，好吗？”这名学生的情绪平和了一点，若有所思地离开了办公室。

如果这位教师在谈话结束时这样说：“说了半天，你怎么一点反应都没有？真是朽木不可雕也！回去吧，咱们走着瞧！”可以想象沟通的结果将会怎样。

相较于首因效应，近因效应的知晓度低了很多，但它的实用性很强，希望老师们能够经常用，用好它，切莫轻视。

第三节　动机定向效应

心理学认为，人从事任何活动都是由需要产生动机，再由动机激发行为的过程。动机作为人的各种行为的内在原因，一直是心理学研究的重点。人际沟通中，人们最先判断的是对方的沟通动机，也就是说，不管对方怎么说、怎么做，最先要明确的是“对方为什么要和我沟通”。所以，对沟通动机的定向认知基本上决定了沟通的效果。

一、沟通动机的定向作用

我们先来看看日本心理学家曾做过的一个实验。

一家珠宝店适逢 20 周年店庆，让一位声音甜美迷人、语气彬彬有礼的店员小姐给几十位老顾客打电话。心理学家要求把这些老顾客分为两组。对第一组顾客，店员小姐的电话这样开头：

“× × 先生 / 女士：您好！我是 × × 珠宝店的店员。后天，我们珠宝店将为开业 20 周年举行隆重的庆祝活动，有烟花燃放、模特表演、摇滚乐演出……。此时此刻，我们都十分想念您这位老顾客。在此，我代表我们珠宝店的老板和全体员工，对您过去经常光顾我店表示最衷心的感谢，并祝您全家幸福快乐！”

对第二组顾客，店员小姐的电话也是以同样的内容开头，但最后还加了一句话：“顺便说一下，因为后天是本店的大庆，所以有一部分商品会以非常优惠的价格出售，最低的商品打对折，如果有空，请您不妨来看一下。”

对两组顾客的反应用三个指标来衡量：

①听完店员小姐的开场白后，顾客是否还有兴趣和她继续交谈？

第一组顾客绝大多数都和店员小姐继续交谈了一段时间，最长的谈话持续了 20 分钟左右。谈话中，不少顾客还情不自禁地说了珠宝店和店员小姐的一些好话。

而第二组顾客中和店员小姐继续交谈的人数明显减少，只有极少数人问了几句有关打折商品价格的话。

②在店庆活动中，哪一组的老顾客到场较多？

第一组的老顾客到场多一些，其中还有人提出想见见打电话的那位非常客气、很善解人意的店员小姐。

第二组顾客来得较少，即便来了，也只是关心有哪些商品打折。

③通过之后的电话回访，了解两组顾客对上次店员小姐的电话感觉如何。

第一组顾客绝大多数对店员小姐的电话感觉较好，觉得这家珠宝店重人情，说打电话的小姐素质高。

第二组顾客绝大多数对电话印象不深，也没什么好感。还有人说："这不就是个一般的促销电话吗？无非是想赚我们的钱而已。"

心理学的这个实验证明：在人际交往刚开始时，人们首先是揣摩对方的交往动机，尤其是考虑这种动机主要是"利己"还是"利他"，然后才会决定自己应该做出怎样的反应。师生沟通同样如此。

二、动机定向效应的应用

根据动机定向效应，教师在师生沟通中应该重视以下三个方面的问题。

1. 认真反省自己的沟通动机

每次与学生沟通之前，教师先要扪心自问一下：我是否真的是为了学生好？我对学生是否做到了百分之百的真诚？我是否借口为学生着想，实际却夹杂着自己的私心？

教师千万不能低估学生对自己行为动机的判断力。因为教师是否真正为学生着想是学生内心最在乎的，也是最敏感的问题，而且，从上学开始，在与各种教师的交往中，他们也已逐渐形成了对教师行为动机的判断力。

2. 尽量准确地表达自己的良好动机

常见的情形是，教师抱有良好的沟通动机，但却被学生误解。主要原因是教师不善于把自己的真实动机清晰准确地表达出来。

请看下面的例子：

高考结束后，几个觉得分数不理想的学生很想复读，就和班主任谈。班主任坚决反对，还罗列了一大堆理由。其实，这些理由大多数是正确的。可是，这几个学生什么都听不进去。他们认为，老师这么苦口婆心地劝说他们，无非是为了班级的升学率高一点罢了。

以上情境中，班主任要想真正达到沟通的目的，最好是根据每个学生的个人特点来分析他的升学策略，并且要讲得有情有理。

再看下面的例子：

学生为了悬挂陈列品而险些摔出窗外，教师看到了愤怒地大喊："你给我下来！五年级的人了，脑子还老进水！"

学生去郊外远足，不小心迷路了，教师找到学生后生气地说："以后绝对不准离开队伍！你不懂得遵守规定吗？"

在上面两个情境中，教师表面上传达给学生的只是一种"愤怒"的情绪，因而学生很可能不理解教师在这种情绪背后关心学生的真正动机，把教师这种情绪背后的动机理解为追究责任等。这就是许多教师经常抱怨"好心没好报"的主要原因。

根据动机效应，你可以想象一下：如果你遇到上述两种情境，你会怎样表达呢？

所以，教师需要经常思考自己的表达方式，让学生真正感受到自己的"良苦用心"。只有学生认定教师的沟通动机是善意的，师生沟通才能有良好的开端。

3. 引导对方的沟通动机

有人曾问："我的沟通动机良好，可是对方动机不良，那怎么办呢？"

记得有哲人说过：人的本性一半是"天使"，一半是"野兽"。所以，面对上述状况，沟通的上策是激发、引导对方的"天使"本性。如果沟通方式不当，就可能引发人的不良本性，以致造成恶性后果。

经常看到这样的情形：

教师：老师批评你还不服气是不是？你还想怎么样？想骂人？……拳头挥什么挥？还想动手啊！我就知道，你天生是个坏坯子！

学生的反应你自己可以想象：好，我就是个坏坯子，我豁出去了！你能怎么样？

如果教师换一种沟通方式，效果就可能完全不同。

教师：你是个大男孩了，同学们都说你长得阳光帅气，有男子汉气概，而且行事大气，善于和人沟通。那么，今天这件事，老师想看看你能不能用一种建设性的态度来思考和处理。其实，老师在批评你之前就知道，像你这样的孩子，一定能正确对待这件事的，你说是吗？

把人想得好一些，人真的就会好一些，这在心理学上被称为"自我实现的预言"。当然，也不能过分解读这个原理，以致不切实际地滥用。

第四节　自己人效应

当学生了解了教师的良苦用心后，教师还需要与学生进一步拉近心理距离。这时，教师要积极寻找和学生的共同点，让他们视你为“自己人”，使双方的感情不断加深，沟通就能深入下去。这就是人际沟通中的“自己人效应”。

一、自己人效应的魅力

下面这位高中新班主任的就职演说充分运用了这种效应：

“同学们，你们都很年轻，我也比你们大不了几岁。看到你们，我马上就想起了自己的中学时代。那时，我就在离咱们学校不远的××中学上学，每天都要路过咱们学校，所以我对咱们学校还是挺了解的。

“我做学生时，也有毫无节制地看武侠小说、经常和老师顶嘴等缺点。对于老师和家长的教诲，我总是觉得他们太啰唆，但现在想想，有点后悔，因为知道他们真的是为了我好。有空时我想给大家讲讲我做学生时的一些经历，也许对你们会有点启发。

“我跟你们有很多共同的爱好。我喜欢唱歌、打球、上网，有时还会看看漫画书。上大学时，我是学校合唱团和系篮球队的成员。我觉得现在流行的街舞挺好看的，当然我更喜欢看 NBA 的球赛。只要你们把功课学好，我会在业余时间和你们一起开展各种活动。

“今后，在和你们相处的日子里，我不但会在学习上帮助你们，还会和大家同忧共患。如果你们心里有什么解不开的疙瘩，尽管来和我说。我相信，我不但会成为你们合格的班主任，还会成为你们最好的朋友！”

听完这番话，学生的脸上露出了欣喜和兴奋的神情。这位班主任也开心地体会到，自己和学生的第一次沟通成功了。

从这位班主任的就职演说中，我们可以看出应用“自己人效应”的几个重要因素。

二、自己人效应的应用

1. 寻找共同的“认同点”

“物以类聚，人以群分”，这位教师在短短的几句话里，说到了文艺、体育等领域年轻人追捧的热点。同时，他通过介绍自己的经历、特长、爱好以及年龄、籍贯、毕业院校等，使学生感到教师在许多方面跟自己有共性，师生的心理距离已经不知不觉地拉近了。这个道理其实一般人都明白，但要有意识地、主动地、熟练地运用好，却不是一件容易的事情。

下面就是心理学家罗列的一些制造“认同点”的“热键”：

籍贯——老乡见老乡，两眼泪汪汪；

爱好——文艺、体育、收藏、膳食等各方面都可以；

经历——学习经历、从业经历、毕业院校、旅游过的地方等；

人缘——共同认识的人，哪怕并不熟悉只是听说过而已；

价值观——政治观点、人生理想、崇拜的偶像等；

……

2. 适当“暴露”自己的缺点

社会心理学的实验表明：在人际交往中，最受欢迎的并不是那些看上去能力很强，又表现得天衣无缝、滴水不漏的人，而是那些能力强，但偶尔会犯一些无伤大雅的小错的人，因为他们是“人”而不是“神”。

本节开头提到的那位教师在注意正确导向的前提下提到了自己做学生时的一些小缺点，使学生感到他很真诚，值得自己信赖。

心理学家发现，在人际沟通中，人的有些缺点属于“可爱的缺点”。例如，对“隐私”的理解比较宽松，愿意主动、适度地告诉对方自己的家庭、爱情、年龄、收入等方面的一些情况；在经济方面不是太精明，用钱时并不斤斤计较；天真，富有孩子气，人情世故方面有点幼稚；等等。

3. 主动表达“交心”的愿望

前述那位教师最后对学生的一番表白热情洋溢、发自肺腑，年轻的学生不可能不被感动。这种感动主要来源于教师表达出的主动沟通的愿望。许多人的沟通立场是：你怎样对待我，我就怎样对待你。无疑，这是一种以自我为中心，而且较为被动的沟通立场。教书育人的教师应该信奉的是更主动、更高层次的沟通立场：我想让你怎样对待我，我就先怎样对待你。

当然，应用“自己人效应”首先应源于教师对学生发自内心的爱，而绝不是无原则的迎合或矫揉造作。

第五节 登门槛效应

在与学生的沟通中，我们不难发现，一开始就对学生提出高标准、高要求其实很难实现，但当我们把目标降低，变成一个又一个小要求时，学生是可以完成的。在这个过程中，教师其实巧妙地使用了“登门槛效应”。

一、神奇的登门槛效应

登门槛效应是美国社会心理学家弗里德曼与弗雷瑟在 1966 年做的“无压力的屈从——登门槛技术”的实验中提出的。

当时他们随机访问了一组家庭，提出要将一个小招牌挂在他们的窗户上，这一组家庭全都愉快地同意了，在那之后，弗里德曼再次提出要挂一个不太美观而且很大的招牌，也有超过半数的家庭同意了。

但是当他们对另一组家庭直接提出要挂大招牌时，80% 的家庭都拒绝了。

登门槛效应又称得寸进尺效应，是指一个人一旦接受了他人的一个微不足道的要求，为了避免认知上的不协调，或想给他人以前后一致的印象，就有可能接受更大的要求。这种现象就像登门槛一样，一步步地登上高处。

二、登门槛效应的应用

登门槛效应对教育有重要意义。

学生在学习中普遍存在避重就轻、避难趋易的心理倾向。这就需要教师巧妙地利用登门槛效应，由浅入深地引导学生探索、发现。

比如，在课堂提问的设计上，教师可以依据学生现有的发展水平，提出不同层次、不同难度的问题，从而使每个学生都能获得成功的喜悦。尤其是在与学困生的沟通中，教师可以更多地应用登门槛效应来提高学生的学习动力与信心。

请看下面这段对话：

师：你这次的英语作文怎么是空白的？

生：不想写。

师：不想写？是什么原因呢？

生：不会写，而且写了也不一定对，还不如不写。

师：老师听出来你在写作文上有点困难，这样吧，我们先不按要求写满60个词。你能不能先回答一下这两个问题呢？

生：……我试试吧。

登门槛效应不仅可以应用在学生学习上，它对学生德育工作也有一定的启发。

对“问题学生”的教育，无论是对新教师而言，还是对经验丰富的老教师而言，都足以让人头大。在与这类学生的沟通中，教师往往会违背登门槛效应，总是急于求成，希望学生能立马改掉一些不良习惯，而实际上总是事与愿违。

正确的做法应该是，给学生提一个时间段的小目标、小要求，比如“今天比昨天少玩 10 分钟手机”等。

值得注意的是，在应用登门槛效应时，教师还需要及时对学生的行为提供反馈，哪怕是一个肯定的点头、一个鼓励的微笑。

第六节　光环效应

在日常的教育教学中，大多数教师都会在不同程度上受到光环效应的影响，从而产生对学生认识上的偏差。光环效应的负面作用不仅会阻碍教育进程，对师生关系也会造成极大的伤害。

一、爱屋及乌的光环效应

光环效应也叫晕轮效应，指由于对人的某种品质或特点有清晰的感觉、印象深刻，从而忽视了这个人的其他品质或特点的现象。这种被强烈感知的品质或特点，就像月亮的光环，向周围扩散，从而掩盖了其他品质或特点，所以被人们形象地称为“光环效应”。

具体的光环效应表现为一个人的某种品质或一个物品的某种特性给人以非常好的印象，在这种印象的影响下，人们对这个人的其他品质或这个物品的其他特性也会给予较好的评价。

二、警惕掉入光环效应的“陷阱”

光环效应的存在，会影响教师对学生的认知与判断，轻则影响师生关系，严重的甚至会对学生心理造成不必要的伤害。

1. 客观评价学生

一个学习成绩突出的学生，在老师的眼中往往是一个十全十美的孩子，聪明、灵活、思维敏捷、创造力强等就成了这个孩子的代名词。相反，一个成绩很差的学生，会被认为什么都不行——调皮、蠢笨、朽木不可雕。事实上，每个学生都有自己的优点和不足，教师要用发展的、全面的眼光去看待、评价自己的学生。

2. 用发展的眼光看学生

“士别三日，当刮目相看”，中国古人的智慧告诉我们，一切事物都处在永不停息的运动、变化、发展过程中，绝对不运动、一点不变化的事物是没有的。同样的，当下的教育观也强调，要用全面的、发展的眼光看待学生。学校教育的终极目的在于发展人、成就人。

每个学生都是不断发展的，小时候“差”并不等同于未来一定“差”。因此，教师在与学生沟通时要摒弃那种静止的、僵化的思维方式，用积极乐观的态度看待学生，学会赏识每个学生，对学生的发展充满信心。

3. 公正处理矛盾

教师与学生的沟通过程有一部分是教师在处理学生与学生间的摩擦或矛盾。

我们来看这样一个例子：

学生 A 和学生 B 在课间因为小事动手打起来了，班主任王老师在对他们进行批评教育。但整个过程中，学生 A 始终一言不发，拒绝与王老师沟通。

后来经过心理老师的沟通，了解到一些情况：学生 A 平时成绩不好，还经常与同学产生摩擦，每次因为同学矛盾被叫到办公室，老师都不问事情的前因后果，直接把责任归咎于他，批评他，所以他现在也懒得解释了，“反正班主任无非就是叫家长、写检查”。

从这个例子中我们不难看出，学生 A 和班主任之间的关系已经破裂。究其原因，是教师在处理学生矛盾的过程中受到了光环效应的影响，不能做到公平、公正，引起学生“不服管”的情绪，进而出现了不良行为的反复。

第七节　罗森塔尔效应

罗森塔尔效应也被称为皮格马利翁效应，来源于一个美丽的传说。

塞浦路斯的国王皮格马利翁是一位有名的雕塑家。他用象牙精心雕刻了一位美丽可爱的少女。他深深地爱上了这个“少女”。他给它穿上美丽的长袍，并且拥抱它、亲吻它，真诚地期望自己的爱能被“少女”接受，但它依然是一尊雕像。

皮格马利翁感到很绝望，于是，他带着丰盛的祭品来到阿佛洛狄忒的神殿向她求助。他的真诚和期望感动了阿佛洛狄忒。

皮格马利翁回家后，直走到雕像旁，凝视着它。这时，雕像发生了变化，它的脸颊慢慢地呈现出血色，它的眼睛开始释放光芒，它的嘴唇缓缓张开，露出了甜美的微笑。它向皮格马利翁走来，还用充满爱意的眼光看着他，浑身散发出温柔的气息。终于，皮格马利翁的雕像成了他的妻子。

人们从皮格马利翁的故事中总结出了“皮格马利翁效应”：期望能产生奇迹！也就是说，赞美、信任和期待具有神奇的力量，它能改变人的行为。当一个人得到另一个人的信任和赞美时，他便感觉自己获得了社会的支持，从而增强了自尊与自信，并且保持一种积极向上的动力，尽力达到对方期待的效果，以避免让对方失望，从而维持这种社会支持的连续性。

美国心理学家罗森塔尔和他的助手还对这一效应做出了经典证明，并使它得到广泛运用，因此皮格马利翁效应又称罗森塔尔效应。

一、罗森塔尔的真实谎言

1968年，心理学家罗森塔尔和雅各布森来到美国的一所小学，从1至6年级中各选了三个班级，对18个班的学生进行了“未来发展趋势测验”，然后以赞赏的口吻将“有优异发展可能”的学生名单通知有关教师。过了一段时间后，他俩又来对这18个班的学生进行复试。结果是，他们提供的名单里的学生成绩增长比其他学生更快，而且这些学生显得活泼开朗、求知欲旺盛，与老师的感情也更加深厚。

“未来发展趋势测验”真的能预测学生的未来发展？其实不然，罗森塔尔所提供的名单纯粹是随机产生的。他们通过自己“权威性的谎言”暗示教师，使教师对名单上的学生充满信心，并产生了独特的感情。教师通过眼神、笑容、嗓音滋润着这些学生的心田，使这些学生更加自尊、自信、自爱、自强。

就像植物向光一样，学生具有很强的向师性。在学生眼中，教师的神态、举止、言行都表明对自己的一种态度，他们也非常在乎教师对自己的评价，教师一句不经意的气话、一句随口的表扬、一段感人肺腑的教导、一个不为别人注意的细节，都有可能改变一个学生的命运。

二、罗森塔尔效应的启示

1. 相信学生的潜能

罗森塔尔效应的教育意义主要在于，对学生怀有殷切的期望，进行积极正面的引导，也许会收获意想不到的惊喜。

教师要改变“朽木不可雕也”的观念，坚信“人是可以改变的”，牢固树立“三百六十行，行行出状元”“人人都能成才”的信念，用发展的眼光去看待自己的学生，用多元的标准去评价自己的学生，对每个学生都怀有期待。

教师只有在心底有了这些信念，才能在和学生的沟通交往中，让学生感受到老师对自己的信任、尊重与期待，从而产生自我肯定的信念、愉悦的心情，良好的师生关系也会因此建立起来。

2. 真诚的鼓励和关爱

在有了上述信念的基础之上，教师要进一步利用言语、非言语信息对学生表达鼓励和关爱。教师的这种鼓励和关爱会促进学生对自我的正面认知。尤其对后进生而言，教师的鼓舞会给他们一种激励，无形间会缩短他们与教师的心理距离，也在一定程度上增强他们对学习的兴趣与自信。

当然，很重要的一点是，教师的这种鼓励和关爱一定是发自内心的、真诚的，不要“为了鼓励而鼓励”。学生是足够聪明的，他们能分辨哪些是老师发自内心的赞扬与鼓励。

3. 传递积极暗示

如果教师始终向学生传递一种积极的暗示，学生就会变得更加出色；但如果教师传递的是一种消极暗示，情况往往会变得更糟糕。积极的暗示能让学生在一定程度上获得自我效能感，从而努力完善自我、提升自我价值。

课堂上时不时地在他身边多逗留一下，在他回答不出问题时用期待的眼神看着他，再多给他一点时间思考，这些都是教师可以在课堂上传递给学生的积极暗示。

第八节　刺猬效应

在构建师生关系的过程中，许多新教师很难把握好与学生之间的距离：是与学生保持距离，做一个严师，还是要与学生“打成一片”？心理学上的刺猬效应或许能给我们一些启示。

一、距离产生美

刺猬效应强调的是人际交往中的心理距离。它来源于西方的一则寓言，说的是在寒冷的冬天，两只刺猬要相依取暖，一开始由于距离太近，各自的刺将对方刺得鲜血淋漓，后来它们调整了姿势，相互之间拉开了适当的距离，不但能够互相取暖，而且很好地保护了对方。

在教育教学中，教师也要把握好与学生间的心理距离，这也是有效沟通的基础之一。我们来看下面这个例子。

李老师今年刚毕业，在某中学担任物理老师。在开学第一课上，她跟学生做完自我介绍后，说了这样一段话：

“我的年纪比你们大不了多少，我希望我不仅是你们的老师，也能成为你们的朋友。在我的课堂上，没有那么多规矩，我希望你们能够快乐学习、学习快乐……”

李老师的温柔、幽默确实为她赢得了不少学生的好感，学生在课余时间也会找她聊天。但慢慢地，她发现在自己的课堂上，部分学生会时不时地打断她，更有甚者会说一些话让全班哄堂大笑，扰乱课堂秩序。几个“熊孩子”对课堂、对老师的不尊重，让她在管理班级纪律上浪费了不少时间，进而影响了教学进度，她为此很苦恼。

一位有经验的老教师一语点破问题所在：“你平时和学生太亲近了，学生不怕你。”

老教师的话有没有道理？

对于刚刚踏入职场的年轻教师来说，福勒的教师教学关注阶段论值得参考。福勒指出，一个教师的发展必须经过四个阶段。

（1）任教前关注阶段

这个阶段是师资养成阶段，主要是针对在校接受培训的师范生来说的。他们仍然认为自己是学生，由于没有教学实践经历，所以他们只关注自己，而且对给他们上课的老师常常不表示同情，甚至是怀有敌意的。在这个阶段的师范生，对于教师角色的认识处于想象中。

（2）早期生存关注阶段

处于此阶段的教师初次接触实际教学工作，所关注的是自己作为教师的生存问题。所以，他们关注对课堂的控制，关注学生是否喜欢自己以及他人对自己的评价。故在此阶段，他们具有相当大的压力。

（3）教学情景关注阶段

在这一阶段，教师开始将注意力转移到教学情景中。例如，他们关注学校能否为他们提供教学所需的资源和条件。但总的来说，在这一阶段，教师最关注的仍是他们自己在教学中的表现。

（4）学生发展关注阶段

此阶段的教师已能自如地把注意力从自己身上转移到学生的学习需求和发展上。经过前三个阶段的发展，他们已能适应现实的教学情景，能完成自己的工作任务。因此，这一阶段的教师更能够专注于学生的心理发展和学习成果。但是，有些教师在他整个职业生涯中都没有进入这一阶段。

年轻的李老师刚刚接触教学工作，尚处于早期生存关注阶段。在这一时期，教师会更多关注学生是否喜欢自己，也非常想拉近和学生之间的距离。但他们不明白，一味地想要和学生保持亲密感其实并不是一件好事。

二、与学生“亲密有间”

根据刺猬效应，教师与学生日常相处只有保持适当的距离，才能取得良好的教育效果，也就是要达到“亲密有间”。具体要注意以下几点。

1. 明确原则底线

在与学生的沟通中，教师需要明确告诉学生自己的原则底线，比如在课堂上哪些行为是不被允许的。教师在传达这些信息时，语气应该是坚定而有力的，让学生感受到你是很严肃地在说一些事情而不是在开玩笑。当学生出现违反原则底线的行为时，教师要第一时间进行制止或处理。

控制学生的不良行为，最简单有效的方式就是计数法。举个例子，看到学生在课堂上做其他学科作业，你可以说："我数三下，把你的作业收下去，1——2——3。"对大部分学生而言，通常还没数到3，他就会按你的要求做好。计数法通常用来处理消极（令人讨厌的、不好的或不受欢迎的）行为，比如争论、课上说话、大喊大叫、戏弄同学等。

2. 增强边界意识

造成教师职业倦怠的原因之一就是教师自身边界意识模糊。

有位心理老师，出于对一个有抑郁倾向的学生的关心，加了该学生的微信。但事后，该生时常在凌晨给老师发信息，表示自己想自杀，这给心理老师带来了不少困扰和压力。其实，从事心理辅导职业的老师、咨询师一般都有过类似的烦恼。这就需要教师增强边界意识。

一位班主任曾这样告诉他的学生："我的工作时间是早上 8 点到下午 5 点，在这个时间段，你可以来办公室找我或者电话联系我。但下班后，我也需要有自己的私人空间和时间，希望同学们只有在必要、紧急的情况下再联系我。谢谢大家。"

3. 尊重个人隐私

这一点既要求学生学会尊重教师的个人隐私，也要求教师学会尊重、保护学生的个人隐私。在与学生沟通一些家庭问题、心理问题时，教师需要充分考虑沟通的时间、地点是否合适，避免将学生的隐私暴露在公众场合。

所以，教师是一个既要热情似火，又要明察秋毫的职业。大家可以发现，有些在教坛上打拼了几十年的老教师，和学生打交道时的沟通艺术已经修炼到了炉火纯青的地步。

◎练习

1. 如果你马上要担任一个新班级的班主任，请根据你自己的特点设计一个上任演说方案。

2. 请你回想自己的教师生涯，找出几个自己“好心没好报”的案例，分析原因并提出改进措施。

3. 分析自己与学生有哪些“认同点”，看看还有哪些“自己人效应”的因素没有用足。

4. 请你结合教学实际，运用登门槛效应的相关技术，设计一段与学生的对话。

5. 如果有学生想要加你微信看看你的朋友圈，请结合刺猬效应，想一想该如何应对。

第二章 人生难得几回“挫”

——压力心理疏导和挫折化解

心理学用什么办法来疏导压力和化解挫折？这个问题我问过很多人，其中一部分是心理咨询师，他们的回答都是“宣泄催眠深呼吸，放松放松再放松”。问题其实没有那么简单，这正是人们对压力管理认识的常见误区。

心理学研究证明，疏导压力、化解挫折的根本途径是人的心理素质的全面提升。美国心理学家塞利格曼著名的“乐观测试”也证明，决定工作业绩的是员工的综合素质，其中智商只占一小部分比重，更重要的决定因素是他们的情商（EQ），而情商的核心是压力、挫折的应对能力——逆商（AQ）。

情商又称情绪智力。美国心理学家戈尔曼认为，情商包括五个方面：认识自身情绪的能力、妥善管理自身情绪的能力、自我激励的能力、认识他人情绪的能力和人际关系管理能力。

其中自我激励的能力又有好几种近似的表述，如抗压能力、抗挫能力等。这些年来心理学界流行的说法就是逆商。

关于中国孩子的逆商或者叫抗压抗挫能力，这几十年来一直是个热门话题。

记得1992年，内蒙古草原上曾经举办了一场国际少年探险夏令营。在这次活动中，中国孩子表现出了软弱、怕吃苦、依赖性强等许多弱点，以至外国人竟敢这样说：“你们这一代的孩子不是我们孩子的对手。”

消息披露后，让许多人特别是教育界人士感到震惊和忧虑。一时间，怎样对青少年进行挫折教育、提升青少年的心理健康水平成了大家讨论的热门话题。之后，教育部陆续发布了有关高校、中小学的心理健康教育指导纲要等一系列文件，对高校、中小学心理辅导教师和学生人数比例等做了规定。

三十年过去了，中国青少年学生的抗压抗挫能力是否有所提升呢？事实恐怕不容乐观。

2020年，我国各媒体关于青少年自杀的报道还是屡见不鲜。北京大学第一医院儿童健康发展中心的调查还发现，近年来中小学生想要自杀、计划自杀、自杀未遂等情况都比2002年增长了好几个百分点，这说明中国青少年的心理脆弱程度不减当年。还有人认为，现今社会流行的一些文化现象对青少年心理健康非常不利，使得抗挫教育越来越难。

所以，不管外国人的预言准确与否，我们应当承认：和我们的前辈相比，如今的青少年由于缺少相应的精神和环境支撑，他们对各类挫折的承受能力确实比较弱。

学生的心理健康教育光靠一两个心理辅导教师是远远不够的。每位教师都要懂得和掌握一些疏导、化解学生压力与挫折的心理学原理和方法，提升他们的逆商，帮助他们成为心态阳光、个性坚强的可造之才。

本章将从对压力、挫折和逆商的认识，挫折应对行为的心理分析以及挫折心理疏导的根本途径三个方面来和大家讨论这个问题。

第一节　认识压力、挫折和逆商

一、对心理压力的几种诠释

一般心理学教科书上这样描述心理压力：任何能扰乱人们心理、生理健康状态的干扰都可称之为压力。这个定义对压力的表述比较偏消极和负面，是心理咨询和治疗领域的专家喜欢用的说法。可以理解，他们针对的主要是有心理问题的人群。

其实，正常的人和动物一样，每天要保持一定的心理紧张程度才能应对社会。因此，某种程度的心理压力还有它的积极意义。

另一种经常被心理培训师引用的说法是：严格来说，压力是一个选择的结果。意思是你可以选择生活在压力下，或者生活在没有压力之下。这个说法非常强调自我认知在压力应对方面的决定性作用，看起来很正能量。但是，如果下一步不能切切实实帮助人解决一些实际问题，这样的说法很容易让人感觉像一碗心灵鸡汤或者是一句标语口号。

有一种关于压力的定义我比较赞同：压力是指人的内心冲突和与其相伴随的强烈情绪体验。这个定义强调压力的本质是人的内心冲突，可以透过压力的一些表面现象找到压力的真正元凶。

例如，日本的一些学者曾经研究过，学者和学生都长时间工作或者学习，但学者长时间工作后身心健康无恙，而学生长时间学习后身心健康受损。这说明工作或学习的强度、时间等因素在一定程度上不是压力的真正来源，而工作或学习中的内心冲突才是心理压力的主因。所以，“心累”才是真正的心理压力。

从心理学的动机理论出发，还有一个“耶克斯—多德森定律”可以从另外的角度来解释心理压力：动机的激活水平和行为效率之间的关系是一种倒 U 型的函数关系。激活水平太低，影响行为效率；激活水平过高，行为发生紊乱，同样缺乏效率；只有当激活水平适当时，行为效率高。从压力管理的角度说，可以理解为中等程度的压力下人的行为效率最高。

上述心理学原理给我们一定的启发：尽管社会上很多人一味地说要给青少年学生“减压”，其实想法过于简单。单纯地说“减负减压”很容易让人误解，“压力调适”的说法更符合实际一些。

还有些老师认为，对现在很多孩子来说，“励志”也许比“减压”更为有效。但是，把握好“励志”的强度十分重要。

二、认识压力源

青少年学生的心理压力源一般可以分为社会压力源和个人压力源两大方面。

1. 社会压力源

阿尔文·托夫勒在《第三次浪潮》一书中把技术革命比喻为一把“双刃剑”。同样，我们也可以把改革开放对人的心理影响比喻为一把“双刃剑”。伴随着个人发展空间的扩大、机会和诱惑的增加，社会对人各方面的要求也相应提高，人与人之间的竞争日趋白热化。人才的竞争就是教育的竞争，教育的规模在不断扩大，大多数青少年从小就面临着这样的社会舆论压力：如果不能成为最好，人生就没有希望。

所以，很多人都认为当今社会是一个变革力度巨大，但又让每一个人“压力山大”、内卷化严重的社会。这里对来自社会的压力就不用再详细阐述了。

但是，教师应该明白，要让青少年学生从根本上战胜来自社会的心理压力，主要寄希望于教育的系统变革，而教育的改革又是一项系统工程，不可能一蹴而就。

更何况教育本身具有相对独立性和滞后性，我国教育中只重视分数、不重视学生心理健康等弊端在相当长时间里还会继续存在。所以，对现在的青少年学生来说，人生总有几回“挫”是常态，因而抗挫教育也是我们教育工作者的常规工作。

2. 个人压力源

每一个学生的个性特点和生存环境都是独特的。教师在疏导学生心理压力时必须了解学生个人的各种压力源，下面就是几个需要重点关注的方面。

（1）家庭状况

家庭状况包括家庭成员的背景、相互关系及教育理念等。例如，有些家长对子女赋予过高的期望，他们往往把自己未能实现的梦想全寄托在了下一代人身上。由于独生子女家庭不能像多子女家庭那样“东边不亮西边亮”，家长望子成龙、望女成凤的愿望十分强烈。但是，更高的期望容易造成更多的失望。在这种家庭环境中，孩子一天到晚考虑的是怎样“不负众望”，他们的压力可想而知。

（2）生理状况和外表形象

这些虽属客观因素，个人几乎无法改变，但它们对人的心理会有一定的影响。关键是要看本人对这些因素的认知。例如，身体强健的人一般对挫折的承受力较强，而体弱多病的人遇到不顺心的事往往更容易朝悲观处想。又如，日本心理学家依田新指出：长得美丽的女子在她们的黄金时代往往会有“等待幸福”的典型想法，长此以往，会造成她们依赖性太强，一遇风浪就会倍加沮丧。相反，形象差一些的学生会有一定的自卑感，在一个媒体整天吹捧“颜值”、崇尚“追星”的社会中，可能会受到歧视，造成心理创伤。

（3）个性特征

能力水平、气质类型不同的学生面对各种逆境会产生不同反应。例如，心理学家发现，气质类型为胆汁质和抑郁质的人更容易产生心理疾病。

（4）个人的经历和抱负

在逆境中长大的人面对挫折会有较强的抵抗能力，而现在这一代“糖水里泡大”的孩子没有这方面的优势。互联网对年轻人的影响是“造梦效应”显著。但是如果个人的抱负不切实际，也会有较大的受挫感。有人这样给情绪指数下定义：情绪指数＝期待实现值／内心期待值 ×100%。当一个人的内心期待值太高时，受挫就是家常便饭。青少年由于缺乏社会经验，往往对自己抱有不切实际的较高的期望，一旦遇到阻碍，又会跌到失望情绪的底端，形成受挫心理。

三、逆商和挫折理论

1. 什么是逆商

既然压力的很多来源无法清除，人生总有几回“挫”是常态，那只有靠我们自身的主观能动性来增强抗挫能力了。这就是所谓的逆商提升。

逆商（Adversity Quotient，简称AQ）全称逆境商数，是指人们面对逆境时的反应方式，即面对挫折、摆脱困境和超越困难的能力。

在逆商的测验中，一般考察以下四个关键因素（简称CORE），这四个因素能够决定一个人的总体逆商。

（1）掌控感（Control）

你觉得自己对不利事件的掌控能力如何？逆商高的人坚信“任何事情都能做到”，即使身处最糟糕的境地，他们也总是觉得有一点可掌控的部分——你始终都能掌控自己如何应对，希望和行动正是由此产生的。

（2）担当力（Ownership）

一个人担当力维度的分数越高，他就越会对结果负责。担当力有助于我们从建设性和实用性的角度出发，来重新定义责任。逆商高的人更愿意承担困境造成的后果，这种担当力促使他们采取行动。

（3）影响度（Reach）

这一不利状况会对你生活的其他方面产生多大影响？逆商较低的人会把一个很小的挫败事件无限放大，把它扩散到生活的其他方面。相反，一个人影响度维度的分数越高，他就越有可能把问题的影响控制在当前事件上，不让它给生活徒增压力。

（4）持续性（Endurance）

逆境会持续多久？造成逆境的起因会持续多久？许多逆商较低的人会无限拉长逆境的影响时间，认为某事件将是他毕生的耻辱或者阴影，且更倾向于把失败的原因归结于永恒的、不可抗拒的因素，从而拒绝改变。

笔者认为，这个研究其实是从狭义的角度来分析人的逆商，不够全面。但是从操作层面来看，它对一般人遇到挫折时思考方式的即时改进还是有帮助和指导作用的。

从广义的角度来看，逆商和人的智商、情商、人格等所有心理因素都有关联，只不过这些因素最后还是聚焦到了人面对逆境时的应对方式上。因此，我们还是要从治标又治本的目的出发来研究逆商，希望通过提升逆商来帮助人们真正战胜挫折。

2. ABC 理论

多年来心理学家也试图从各个角度解读挫折，提出了不少理论，如挫折—倒退假说、挫折—攻击假说、挫折—固执假说等，涉及挫折的含义、内容、形式、原因以及应对挫折的方法等方面。在各种理论中，影响比较大的是 ABC 理论。

20 世纪 50 年代，美国心理学家埃利斯提出了 ABC 理论：A 指诱发性事件；B 指个体的认识和信念，即个体对某件事的想法、解释和评价；C 指在特定的情景中个体的情绪反应和行为后果。通常人们认为情绪及行为反应是直接由诱发性事件 A 引起的，即 A 引起 C，但 ABC 理论指出，诱发事件只是引起情绪及行为反应的间接原因，B 才是引起人的情绪及行为反应的更直接的原因。ABC 理论强调了认知在应对各类事件时的决定性作用，对我们的教育实践有指导意义。

根据 ABC 理论和自己做过的大量培训，笔者认为，青少年逆商训练的重点还是应该放在对挫折的认识和信念上，即放在个体对某件事的想法、解释和评价上。只有理性的分析才能提升青少年的认知水平，让他们从根本上战胜挫折。目前很多名为逆商管理、压力情绪管理等的心理咨询和培训把重点放在深呼吸、静坐、催眠等放松方法上，其结果一定是治标不治本，起不了多大作用。

第二节　挫折应对行为的心理分析

一、挫折应对示意图

要化解和疏导学生的受挫感，首先要学会分析人的挫折应对心理。这是心理健康工作者的基本功，也是逆商提升训练的前提。

笔者把人受挫后主要的反应绘制成了一张示意图（见下图），根据这张图，我们可以对一般人面对挫折的各种反应做细致的分析，然后有针对性地寻找化解和疏导的方法。

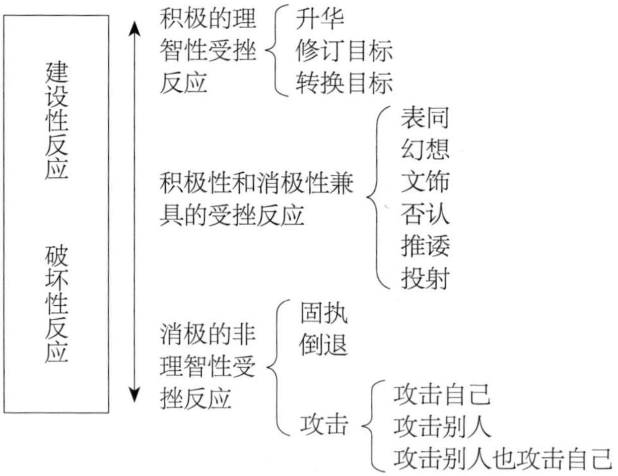

受挫反应示意图

从受挫反应示意图中可以看出，人受挫后的反应大体上可以分为两种：建设性反应和破坏性反应。在图中，越是往上越趋向于建设性反应，反之则趋向于破坏性反应。

作为教师，首先要学会识别学生各种受挫反应的内部动机和外部表现，然后用一些心理学方法来引导他们往建设性方向发展，最终引导学生战胜心理压力，形成坚强人格。

二、心理防卫机制与受挫反应

心理防卫机制是自我受到超我、本我和外部世界的压力时发展出的一种机能，即用一定方式调解、缓和冲突对自身的威胁，使现实允许、超我接受、本我满足。有的心理防卫机制有利于身心健康，有缓冲压力的作用；有的则对身心健康有害，也可能会削弱自己的一些积极行为。

从心理防卫机制的角度来分析人的受挫反应是心理学常用的方法。结合上面的受挫反应示意图，这里对常见受挫应对方式背后的心理防卫机制做一个案例式解说。

1. 积极的理智性受挫反应

有些个体遭遇挫折后，能审时度势，努力克服各种困难，排除阻碍，采取一系列积极行为来应对。

（1）升华

视挫折为行动的最强动力，毫不动摇地朝既定目标继续努力。古今中外很多伟人都是这样看待挫折的。但在实际生活中，想让人遇到任何挫折都能升华是不可能的，对涉世未深的学生来说更不现实。把思想政治教育和心理学有机结合起来，培养学生乐观、坚强的个性，才是战胜挫折的根本途径。

（2）修订目标

受挫后冷静思考，认真分析目标不能如期实现的各种原因，然后修订目标，让人继续努力后能够实现它。

（3）转换目标

受挫后发现随着自身条件或外部条件的变化，原有目标已不大可能实现，因此转换到一个新的目标。

现在的青少年学生自我意识越来越强，在考学、填报志愿、文理科选择、职业定位等人生目标的确定上更容易迷茫，而这些方面恰恰是很多家长提供不了专业的意见和帮助的，这时非常需要教师的指导甚至是心理辅导的介入。

2. 积极性和消极性兼具的受挫反应

这些受挫反应具有两面性，也许能缓冲一点压力，但总体上消极作用更强一些。这些反应非常适合用人的心理防卫机制来解释。

（1）表同

表同指表示自己和某人有相同之处。其具体表现是：受挫后有自卑心理，于是借别人的光环来暂时掩饰一下自己的失落感，这类似于我们说的“拉大旗作虎皮”。

例如，一位高考落榜生问他的一个同学：“你考进了什么大学？”这个同学回答后他的反应是：“啊！我舅舅就是这所大学数学系的教授。我舅舅他可厉害啦……”一直说了很久，之后，他自己的感觉也好了不少。

又如，一个名校毕业、事业有成的青年才俊和一个没有上过大学的女孩儿相亲。女孩儿第一次见面时就说：“我出身于书香门第，我爷爷是圣约翰大学毕业的，我爸爸是复旦大学毕业的，我表哥、表妹一家都知识分子……”男生觉得女孩子虚荣，其实，虚荣的背后是自卑感在作怪。

再如，一个各方面表现平平的男孩儿经常吹嘘自己的哥哥如何了得，唱歌、跳舞、打球样样精通，然后他自己也开始得意扬扬起来。

要面子心理其实有它积极的意义，教师要理解学生的这种心理，然后巧妙地引导学生，让他们明白：靠增强自身各方面的实力来赢得别人的尊重，这才是正确的做法。

（2）幻想

有些学生受挫后知道自己确实存在一些弱点，但总是没有任何改进。因为他们心情不好时只是沉溺于幻想，做白日梦，而他们的不当行为却还是日复一日、年复一年不见改变。

例如，一个学生对心理老师说：“我知道我有很多缺点，每天回家后我都会躺在床上想‘明天我会努力，明天我会成功’，但是到了第二天，我还是老样子。你说我该怎么办呢？”

应该重视的是，现在很多影视作品、电子游戏对青少年的幻想心理起到了推波助澜的作用。要想让青少年学生丢掉幻想、踏进现实社会，行动力的培养是比较可行的办法。

（3）文饰

文饰又称“合理化”，即受挫者找出一些合理的理由来为自己辩解，然后心里就“舒服”了。

例如，一个大学男生爱情屡屡受挫。这次，他又爱上了一个女孩，但一直不敢表白。一天，一帮男生把他推到了一个电话亭里，说：“今天你必须向那个女孩表白！”十分钟后，这个男生欢天喜地地出来了。大家都等着他报喜，可他说的是：“真是谢天谢地！那个女孩今天不在家。”

又如，一个高中生没考上大学，找了一份自认为不错的工作。虽然薪水很低，可是他这样安慰自己：“现在就业竞争那么激烈，其他人就算考上了大学，说不定还找不到这样让人满意的工作呢！”

文饰是最常见的一种心理防卫机制。它的优点是让人不会因为受挫而心理崩溃，缺点是太多的借口会影响人积极进取。

（4）否认

否认是一种比较原始而简单的心理防卫机制，指通过扭曲个体在创伤情境下的想法、情感及感觉来逃避心理上的痛苦，或否认不愉快的事件，当作它根本没有发生，来获取心理上暂时的安慰。

关于否定，国内外心理学教科书上的典型案例简直如出一辙。听说丈夫出轨，很多妻子的反应是：“不会吧，是不是我想多了？丈夫是个领导，有个女秘书很正常啊。”如果有人再说这事，她们的反应是：“你们什么意思啊，我家有车有房，你们是妒忌吗？”

在青少年学生中“否认”现象也很多。例如，小孩子闯了祸，往往用手把眼睛蒙起来。又如，一个学生摸底考试成绩不佳，然而他的解释是：这次测试题目出得非常不科学，误导人，我的实际水平根本不是如此。

否认行为类似于我们说的掩耳盗铃、自欺欺人，其目的还是保护自己的内心不被残酷的事实所击倒。但是过度否认也会让自己得不到成长，而且最后还是要面对。

（5）推诿

推诿者一般把自己受挫的原因全部推到别人身上，觉得自己毫无责任，都是别人的错。

例如，看一些心理访谈类节目就可以发现，人际关系出问题的一个重要原因是：双方永远都把好的品质赋予自己，认为所有的问题都出在别人身上。又如，一些落魄的人一开口就是：“现在这个社会真是黑透了！”再如，一个学生的外语很差，问他什么原因，他说：“我的爸爸妈妈连 ABCD 都不认识，我的外语会好吗？”

经常推诿的人会形成习惯，对将来的学习、工作都会带来负面的影响。

（6）投射

投射是指受挫者虽然知道自己有许多缺点，甚至是不良品质，但觉得别人身上肯定也有，于是心理上就平衡了。

例如，一个学生考试作弊被抓住了。他对老师说：“其实，很多同学包括好学生都作过弊，只不过我倒霉，被抓住了而已。”

有投射心理的人一般都会用比较阴暗的眼光来看待各种事物，碰到任何事情都先往坏处想。这是一种不良心态，如果青少年有这种心态，教师应及早加以引导和矫正。

但是，“十年怕井绳”的原因是“一朝被蛇咬”，有投射心理的人一般都有吃亏上当的人生经历。给这样的人做心理辅导时要把这些经历挖出来，再进行认知方面的转变，才能让他们真正克服这方面的心理障碍。

3. 消极的非理智性受挫反应

有些个体会用逃避、攻击等各种消极行为来应对挫折。

（1）固执

固执是指受挫者虽然已经知道受挫的原因是自己的不当行为，也想有所改进，但一到实际情形中，又陷入了自己老一套的行为模式中。

例如，两个学生都知道自己考试时的致命弱点是分心和过度紧张，以致屡考屡败，但他们向学校心理咨询老师问的却是同样的问题："我知道我的最大弱点是分心或过度紧张，但一进考场，我又会情不自禁地犯老毛病，而且无法控制自己。现在，我真的不知道该怎样调节自己的心理状态了。"

对有固执反应的学生，教师应该重视，并及早咨询心理教师甚至是心理医生。若让其发展下去，很可能会演变为强迫行为，到时矫正的难度就更高了。

（2）倒退

倒退又称"幼稚化"，是指受挫者出现了与自己年龄、成熟度等不相符的行为反应。对成年人来说，倒退的表现可能是号啕大哭、装病不起等幼稚行为。青少年也会做出一些和他们年龄不相符的倒退行为。

例如，精神分析学者发现，有了弟弟或妹妹的孩子常常会以尿床、吮手指、啼哭等倒退行为让父母来更多地安慰和关爱自己。倒退行为还有一种表现是思考能力降低，从而盲目相信别人的暗示和意见，盲目地去做别人鼓动自己去做的事。

倒退行为如果没有得到及时干预，很可能会导致更糟糕的攻击行为发生。

（3）攻击

最具破坏力的受挫反应是攻击行为，这类行为也分好几种。

第一种是攻击自己：抽烟酗酒、责骂自己、自我虐待、自残行为等，最严重的就是自杀行为。

例如，一个14岁男孩因为班主任说他往语文老师身上甩墨水，请他家长来学校，他就选择了上吊自杀，向教师证明自己的清白，以此讨回自尊。类似的令人痛心的事件在我们的学校里至今还时有发生。

第二种是攻击别人：打骂同学、在网上攻击人、与配偶吵架、无缘无故地训孩子等。

第三种是攻击别人也攻击自己。例如，当年广西某师范学校有一个来自山区的女孩，由于不适应学校生活，产生了严重的挫败感，最后，她把硫酸泼在了同寝室同学的脸上后，跳楼自杀了。这是一个受挫后既攻击别人又攻击自己的典型例子。

受挫后做出极端反应的人还是少数，绝大多数人是通过心理防卫机制先做一下缓冲，然后再向积极或消极方面转化。

对于教师来说，要学会分析学生的受挫心理和行为动机，努力把学生的各种受挫反应向积极方面引导，碰到一些较为严重的受挫反应时，要及时向学校和专业心理教师求助。

第三节　学生挫折心理疏导的根本途径

化解和疏导学生的挫折感、提升他们的逆商，涉及整个学生心理素质的培养问题，基本前提是从大处着眼、细处着手，目标是帮助学生形成正确的三观和坚强健康的个性。

虽然每个教师都应该承担教书育人的责任，但育人的主力军除了道德与法治老师、心理辅导老师外，班主任是当仁不让的，科任老师也很重要。所以，学习一些关于学生挫折心理疏导的心理学知识是十分必要的。

一、帮助学生树立高尚而又现实的人生目标

1. 让学生树立高尚、远大的远期目标

中国有“取法乎上，得乎其中”的古训，意为树立很高的目标，到后来实际只能达到中等的目标。苏联教育家苏霍姆林斯基也认为，一个人在年轻时如果没有被某种高尚伟大的理想而感动得夜不成寐的体验，长大以后就不会有出息。很多名人年轻时都是志存高远，这方面的例子可以说不胜枚举。具有高尚人生目标的人一般会勇于面对挫折，不计较一时的得失，并把挫折视为成功的铺路石。更重要的是，不要以为学生年龄还小就可以忽视这方面的教育。根据专家的调研，初中的学生就开始十分重视自身的价值，并对未来充满憧憬。如果用好的形式进行人生目标教育，会很受学生的欢迎。

2. 让学生树立现实可行的近期目标

要让青少年激动一时很容易，但要使其形成踏踏实实、一步一个脚印的人生态度却不容易。因此，教师要帮助学生现实具体地规划自己的人生道路，帮助他们认识自己的长处和短处，找到最适合自己的发展道路，克服年轻人好高骛远的毛病，从而脚踏实地地走上成功的人生之路。

当然，树立目标的前提是学生在积极而又客观地认识自己后有充足的自信心。所以，激励学生、帮助他们树立自信始终是教师不可懈怠的职责。

二、对学生进行挫折教育

这些年来许多教师都有一个认识误区，认为挫折教育等于吃苦教

育。其实这两个概念并不是等同的。广义的挫折教育是从整体上提升学生的心理素质，是一个系统工程。狭义的挫折教育可以从以下几方面着手。

1. 让学生理解挫折的积极意义

无论什么年代，励志教育对青少年都最为有用。有时候老师的一句话会鼓舞学生一辈子。对寒门子弟来说，人生的坎坷经历更是他们成功的必经之路。

在笔者的培训经历中，在某些情境下把励志的话语分享给青少年学生，还真有鼓励人的效果，如：人生难得几回“挫”；挫折是成功的孪生兄弟；N 次挫折加上（N+1）次努力等于成功……

2. 让学生学习一些挫折心理学知识

通过心理健康课等各种途径，让学生学习心理防卫机制、ABC 理论等心理学基础知识，让他们学会理性地分析自己的受挫反应，积极调整自己的心态。

3. 让学生学会自我激励

自我激励是化解挫折、调整心态的重要手段。教师可以教给学生以下一些原则和方法。

（1）多和性格积极向上的人交往

“物以类聚，人以群分”，多和性格积极向上的人交往，在潜移默化中就会受到积极心态的感染。所以，教师要多关心学生的交友情况，让他们在良好的氛围中成长。

（2）多给自己良好的心理暗示

教师应该让学生学会给自己良好心理暗示的方法，如内心对话法、提升自我形象法等，使学生能经常给自己打气。

（3）主动寻找外界的激励源

让学生多看振奋人心的好书，多听积极的报告或讲座，多唱积极向上的好歌，并通过互相交流让大家共同提高。

还可以让学生参与一些有实践意义的模拟性挫折体验活动，包括一些人为的吃苦体验活动等。

三、让学生有适当放松和宣泄的机会

学生是活生生的人，不可能一直处于剑拔弩张的心理状态，否则他们的精神就可能崩溃。教师平时应该注意做好以下几点。

1. 教学活动的安排要张弛有度

除了上课时教师要调节学生的活动节奏外，下课时应让学生尽量放松，尤其是对年龄小的学生，更要重视这一点。

笔者曾经见过几个小学，学生下课了还必须做一些套路化的集体活动，教室里静悄悄的，没有一点喧闹声。这种违反孩子天性的做法还被当成经验向其他学校介绍，简直令人难以置信。

2. 让学生有倾诉和宣泄的途径

从形式上看，校长接待日的设立、心理咨询室的开设、班主任制度的建立都十分必要。但笔者认为，提高那些学生心声的直接倾听者如心理咨询教师、班主任等的专业素养也许更为迫切和重要。

充分发挥学校心理健康辅导中心的作用，邀请心理专家带学生做心理宣泄等活动，效果也许更为直接。例如，一个初级中学邀请一位心理学老师在星期天带学生做心理宣泄游戏，还特意找了一些纪律较差的学生，结果第二天发现，这些学生遵守纪律的情况好多了。

下面是上海一个青少年心理健康辅导中心心理宣泄室的照片。现在中国很多城市中有条件的学校都配备了这样的心理健康辅导中心，相信将来会普及到全国各类学校。

心理宣泄室

3. 定期组织集体活动

大型的春游、秋游、篝火晚会、歌舞晚会等都是让学生放松身心的好机会。

4. 培养学生的音乐体育爱好

纽约一家公司对欧洲、北美、南美、亚洲、非洲等地的 30 个国家近 3 万人做了调查，发现在散步、看书、打电话、饮酒、烹饪等 24 种缓解身心疲惫的方式中，音乐是首选方式，选择音乐的人达到 56%，其次是“看电视”53%、“洗浴”49%、“与朋友相处”34%、“练瑜伽”或“静养”8%，而最少的是“看心理医生”，只占 3%。

此外，一些研究证明，人专注于体育运动时，很多烦恼都会暂时忘记。所以，从小培养一项体育爱好也是幸福人生的必选。很多研究也证明，给学生创造学习音乐和体育的机会对学生一生的成长都很重要。学生在各种乐队、合唱团、舞蹈队、球队等的学习经历对他们的心理健康非常有益。

有人喜欢说：“人生能有几回搏！”这话固然深刻，但“人生难得几回‘挫’”也许更有普遍意义。从这个意义上来说，挫折对学生来说是一种成熟和成功的“催化剂”，只要能帮助学生从容地面对它，自信地战胜它，成功就离他们很近了。

◎练习

1. 请分析一下你所在学校学生心理压力和抗挫能力的整体状况。

2. 给学生做一次有关心理防卫机制的讲座，然后举出一些成语和俗语，请学生说说它们可以形容哪些心理防卫机制。

拉大旗作虎皮、攀龙附凤、吃不到葡萄说葡萄酸、阿Q精神、想入非非、做白日梦、掩耳盗铃、自欺欺人、以小人之心度君子之腹……

3. 根据受挫反应示意图，分析自己班里几个学生的受挫反应，并制订疏导计划。

4. 设计一个“人生总有几回‘挫’”主题班会的方案。

第三章　危情之中觅转机

——校园危机事件的心理应对策略

近年来，校园危机事件的报道时常引发社会关注，如学生意外伤亡事故、校园霸凌、学生严重心理问题、自伤自杀，甚至是暴力凶杀。由于网络和智能手机的普及，让这些事件得以快速、大面积传播，部分媒体还过度渲染以博眼球，在广大教师、学生及家长群体中造成了严重的焦虑、愤怒等负面情绪。同时，部分事件中学校、教师和家长、学生间的沟通方式引来社会热议。

面对突发的校园危机事件，大多数老师和家长甚至学校领导由于没有处理类似事件的经验，一般还是会按照自己的常识来应对，于是就出现了问题。下面是一个例子。

一位学生干部向老师反映，其同班同学张某一连多日拒绝上课，性情大变，并多次与隔壁寝室同学发生冲突，因为张某认为隔壁寝室同学在背地里辱骂他，但同寝室同学说根本没有这回事。心理老师判断，张某疑似患精神分裂症。

张某的辅导员老师得知张某的情况后，十分关心他，决定马上告知其家长，使张某尽快得到医治。在与家长通话的过程中，辅导员老师直接告诉张某的父母："你们的孩子可能得了精神类疾病，请尽快来学校接他去医院看一下。"家长听后十分生气，认为辅导员老师说话不负责任，自己家的孩子"健健康康"的，怎么可能有精神病？！因此，他们对辅导员老师态度很差，并拒绝到校接张某回家，弄得很不愉快。

最终，在学校多位领导及老师的反复劝说下，张某的父母才勉强答应接张某回家"散心"几天，同时他们也向学校领导表达了对辅导员的不满。张某的辅导员十分委屈，觉得自己的一片好心没有得到家长的理解。

一个多月后，辅导员接到张某父母的电话。张某父母表示回家一段时间后，他们发现张某确实有很多异常行为，于是带张某去医院检查，确诊为精神分裂症。目前，张某已经得到良好的治疗，希望他病情稳定后能继续回学校学习。张某父母也对辅导员表达了感谢。

这件事虽然最终得到了良好的解决，但在沟通的过程中遭遇了重重困难。最初得知张某的情况后，辅导员的反应是正常的，但她的“一片好心”开始并没有得到家长的认同。家长接到辅导员老师如此“直白”的通知，心里一时难以接受，从而延误了学生的治疗，但家长的反应也是正常的。

看来，校园危机事件不是根据常识就能妥善处理的，学校管理者和教师都需要掌握一定的心理辅导原理和方法。面对校园危机事件，如何与当事人沟通，要遵循怎样的沟通原则，注意哪些重点，怎样更好地体现教师在事件中的主体作用，是本章要讨论的内容。

第一节　校园危机事件面面观

一、危机和危机干预

危机理论和危机干预最早的研究是基于精神病学家林德曼（Lindeman）的一项工作。1942 年在波士顿发生了一场大火，火灾夺去了近 500 条生命，精神病学家林德曼参与了对一百多位伤者以及相关亲属的心理评估和治疗。在治疗过程中，林德曼观察到这些幸存者所体验到的极度情绪反应是人们在重大危机事件中的普遍反应，这些反应通常是由多个症状组成的症候群，且有可能转化为严重的心理疾病。但症候群本身并不是病态的，而是当事人及间接当事人试图在危急之中掌控自我的一种常见应对方式。更重要的是，林德曼发现通过提供及时的帮助，能显著地降低当事人形成心理疾病的可能性。为正在遭受危机或遭遇危机后的人群提供及时有效的帮助，降低其后续影响，保护当事人身心健康，维持当事人正常的社会功能，正是危机干预的目的及意义所在。

危机是指当事人遭到挫折，无法实现重要人生目标，或者生活方式和应对压力的手段失效时陷入的混乱状况。危机更多是指当事人因困难而感受到的恐惧、惊慌和压力，而非困难本身。

同一危机事件对不同人的意义不同，因为危机是一种对事件和情境的主观认知或体验，是当事人认为当下所面临的事件或情境超过了自身的应对能力。除非当事人的焦虑程度已经有所降低，否则危机将可能引发更严重的情绪、行为或认知问题，甚至导致自伤或自杀行为。

危机既存在“危险”也隐藏“机遇”，如果能抓住机遇，危机能够帮助个体更好地实现自我成长。

面对危机，当事人通常有三类反应：①能够有效地应对危机，并在应对危机的过程中获得自我成长；②表面上度过了危机，其实只是被潜意识屏蔽了一些有害的感觉，在其今后的生活中，这些感觉还会通过各种方式不断地影响当事人；③当事人在危机产生时就已经崩溃了，并且症状显著，如果不立即给予帮助，他们将无法继续正常生活。危机干预的对象主要为后两类人群。

二、校园危机事件

1. 什么是校园危机事件

校园危机事件特指发生在学校情境中的危机事件，包括在校园里和往返学校途中相关人员（老师、学生、家长）发生的各类危机事件。

校园危机事件因其突发性、不确定性、对个体安全的威胁性等特点，不仅会严重干扰甚至破坏学校正常教学秩序，打乱日常管理模式，还会使人产生失控感和不确定感，引发心理应激反应，对人的身心健康发展都极为不利，对人格尚在发展过程中、心理和生理尚未成熟的学生群体，影响尤为严重。

研究表明，校园危机事件发生后师生普遍有心理干预需求。经历了严重校园危机事件，无论是当事人还是间接当事人（目击事件的同学、处理事件的老师等）都可能出现一系列负面情绪反应。比如，时常感觉自己处于高度紧张状态、对现实和未来产生悲观预期、不愿意接受事实、有负罪感或羞耻感、在人际关系上过于敏感、不信任他人、低自尊、缺乏自信、无自我价值感、失眠或经常做噩梦、神经衰弱等。

但面对校园危机事件，很多学校担心影响学校声誉，秉承着“大事化小，小事化了”“家丑不可外扬”等思想，希望尽快息事宁人，尽可能封锁消息。另外，为了减少危机事件对师生的影响，学校在与学生的沟通方面大多“三缄其口”，含糊其词，并未真正做好危机事件的干预工作，为学生今后身心健康发展埋下了隐患。

2. 校园危机事件的类型

校园危机事件包括以下几种：①天灾，包括地震、火灾、水灾等；②不可预期的意外事故、死亡，包括猝死、自杀、严重的自残行为、坠楼、溺水、运动伤害、重病、精神疾病等；③暴力事件，包括校园霸凌、校园暴力中的恐吓、勒索、打架斗殴、性骚扰、性侵害等；④日常生活事件的刺激，包括亲子关系、人际交往、学业压力、择业就业、亲人去世等。

3. 校园危机事件的干预对象

校园危机事件的干预对象包括初级受害者、次级受害者和三级受害者。初级受害者指亲历了危机事件的人，如遭受校园暴力者、自杀未遂者等。次级受害者指目击危机事件的人或危机事件中的救助者，如置身现场的师生等。三级受害者指受到危机事件非直接影响的人，如受害者的家属、同学。尽管在校的大部分学生、学生的亲人及家庭未受到校园危机事件的直接影响，但可能会存在一些间接的情绪及心理上的不良影响。

要引起注意的是，初级受害者往往获得了大量的关注，而次级受害者和三级受害者在校园危机事件中受到的影响容易被忽视，成为校园危机事件干预中的盲点。

4. 遭遇危机事件后的症状

当个体面对危机事件时会产生一系列应激性的身心反应，一般症状会维持 6—8 周。危机反应主要表现在生理不适、情绪困扰、认知改变和行为改变四个方面。

生理方面：常见的症状有肠胃不适、腹泻、食欲下降、头痛、疲乏、失眠、做噩梦、容易受惊吓、梗塞感、感觉呼吸困难或窒息、肌肉紧张等。

情绪方面：常见的反应有害怕、焦虑、恐惧、怀疑、不信任他人、沮丧、抑郁、悲伤、愤怒、绝望、无助、麻木、否认、孤独、紧张、不安、烦躁、自责、过分敏感或警觉、无法放松、持续担忧、担心家人安全、害怕死去等。

认知方面：常见的反应有注意力不集中、无法做决定、健忘、效能降低、不能把思想从危机事件上转移等。

行为方面：常见的反应有社交退缩、逃避与疏离、不敢出门、容易自责或怪罪他人、拒绝帮助、反复洗手、反复消毒、暴饮暴食、产生破坏性行为、行为和情感不一致、出现过去没有的非典型行为等。

这些都是个体在遇到危机事件后的正常身心反应，是人人都可能会有的反应，只是因为性格、气质、认知水平、心理弹性以及社会支持系统等存在差异，不同个体对同一危机事件的反应在强度、症状上也会有所不同。

三、校园危机中的重点辅导对象

1. 心理健康筛查结果显示有心理疾病或自杀倾向的学生

对心理健康筛查结果显示有心理疾病或自杀倾向的学生，需要安排其进行专业的面询评估，根据专业的评估结果及建议对该生进行进一步干预。教师既不应该不重视心理健康筛查结果，也不能仅凭心理健康筛查结果对该生产生“刻板印象”，抱有偏见，这对师生沟通会产生不利影响。

2. 遭遇意外刺激出现心理或行为异常的学生

对近期遭遇严重学业失败、情感受挫、亲人过世等重大事件的学生要给予更多关注，这就要求教师在日常教学和管理工作中与学生保持顺畅的沟通，及时掌握学生的近况。

3. 学习压力特别大以及适应不良的学生

学习是学生最重要的社会功能，学习成绩不良的学生往往会受到更多的负面评价，来自家长、教师等方面的压力让他们难以应对。同时，很多教师容易忽略另外一个学业压力巨大的群体——自我要求严苛、追求完美、不允许自己犯错误的“好学生”。这些学生对学业中遭受的挫折更加敏感，对学业挫折的耐受力偏低，也容易感受到更大的学业压力。

4. 因严重网络成瘾行为而影响学习及社会功能的学生

严重网络成瘾的学生往往现实感较弱，因其无法用恰当的方法应对现实冲突和困难，在现实中的自我评价、自尊自信、自我价值感较低，从而将精力投注于网络世界，在虚拟的网络世界中寻求认同感和成就感。在网络中的成就感与他们在现实中的失落感形成巨大反差，如果没有良好的引导，帮助这些学生学习如何应对现实困难，他们很难自己摆脱网络成瘾。而长期沉溺于虚拟的网络世界，学生应对现实困难的能力进一步退化，容易产生学业水平下降、亲子矛盾、社交回避等一系列问题，削弱了学生的社会功能，这时，他们为逃避现实痛苦更愿意沉溺于虚拟世界，形成恶性循环。

5. 家庭贫困且性格内向，出现心理或行为异常的学生

当今校园攀比之风日盛，学生之间各种形式的攀比行为屡见不鲜，长期生活在这种风气下，家庭贫困的学生容易产生自卑心理，尤其是那些处于青春期及青年早期的学生，他们对自我形象更为在意，需要教师、家长正确引导。

6. 近期谈论过自杀并考虑过自杀方法的学生

受文化传统影响，在听到“自杀”等话题时人们往往不知如何回应，或干脆避而不谈，甚至认为谈论自杀的人不可能真的自杀，“就是嘴上说说而已”。但心理学研究表明，在有自杀行为的群体中，超过三分之二的人在实施自杀行为前会谈论自杀话题或暗示自己将要自杀，这其实是一种隐性的求援行为，如果能及时关注到对方正处于紧急状况下，绝大部分自杀行为都可以得到有效干预。

因此，当听到有学生谈论自杀话题时，教师要保持敏感性，有时候只是多问一句“你最近发生什么事情了吗”，也许就能改变一个学生的一生。

四、校园危机事件的辅导目的

在汉语中“危机”由两个词组成：“危险”和“机遇”，意味着危机事件对当事人而言不仅仅只有危险，如果处理得当，当事人能从危机中有所收获。这是一个决定性的时刻或转折点，甚至会成为人生的推动力。

因此，面对校园危机事件，教师的目的不是完全消除危机事件的影响，而是帮助学生从对非正常事件的正常反应中尽快恢复，从而尽早回到稳定的生活和学习状态。因此，教师要缓解学生因危机事件产生的极端情绪，和学生共同寻找应对困难的解决方案，减轻学生的压力水平并提高其耐受能力，帮助学生调动自身已有资源，以重新获得内心的平衡感，重新应对现实生活。对于受危机事件影响严重的学生，教师一定要及时与学校、家长沟通，转到专业机构进行治疗。

第二节　校园危机事件的心理应对策略

一、校园危机事件的处理原则

1. 生命安全高于一切

危机干预必须以确保当事人的生命安全为前提。每个人的生命只有一次，个体生命存在是其从事一切活动的前提，这决定了危机沟通首先要保护当事人及相关人员的生命安全。

除了保护当事人生命安全外，也应注意对当事人进行生命教育，促进当事人生命观的建立与发展。危机沟通的终极目标应该是帮助当事人将“危险”转化为“机会”。

2. 及时性

不管是什么类型的校园危机事件，都会给当事人的身心带来巨大的冲击和痛苦。学生在生理上和心理上并未真正成熟，容易产生应激反应。研究表明，校园危机事件的黄金干预时间在24—72小时内，此时给予学生必要的干预效果最好，消除负面影响的效果也最好。

3. 价值中立

处于危机状态的学生，大多处于极端情绪中，“道理都懂，但我就是做不到”，因此更需要教师提供心对心的关怀，安抚当事人的情绪。因此，在危机沟通的过程中，要尊重当事人对危机事件的认知及其背后的价值观，不做价值评价，即要保持价值中立。

例如，对山西某高校学生因作弊跳楼自杀的案件，很多人评论无法理解当事人是怎么想的。如果抱着这样的态度去做危机沟通工作，可能就会说“作弊本来就是你的错，你不应该采取极端行为”“作弊被抓不是什么大事，你何必要跳楼”之类看似正确的废话。当这些话说出来的时候，就已经关闭了与当事学生的沟通之门，因为其中暗含着对当事人的指责，并没有去了解当事人对危机事件的认知，更谈不上什么危机沟通了。

4. 先提供最基本的帮助

危机事件的沟通往往情况紧急，在安抚当事人情绪的时候，提供越简单、越容易即时起效的帮助越好。例如，打电话给其亲戚、家人和其他能提供帮助的机构，提供保护和庇护所，给予认同，请求社会资源的支持，等等。

5. 保密原则

参与危机预防和干预工作的教师应对工作所涉及的干预对象的各种信息严格保密，不得随意透露学生的相关信息。未经学生本人或学校同意，不应随意向他人透露相关信息；向学校报送材料时要注意文件保密。因为师生间的信任是危机沟通的基石，在危机沟通的过程中当事人会有大量的自我暴露，如果教师对敏感信息保存不当导致信息泄露，会给当事人造成伤害，进而导致信任关系破裂，危机干预工作难以为继。当然，事无绝对，如果涉及自残、自伤或伤害他人的想法和行为，教师应及时向学校相关部门反馈。

二、校园危机事件的沟通策略

1. 沟通的基本技巧

（1）尊重、真诚

由于师生之间存在着管理与被管理、教育与被教育的关系，教师在学生面前经常是一种“俯视”的状态，师生关系带有“等级关系”的意味，天然就存在着矛盾。

一些教师在与学生的沟通中经常习惯性地使用命令式的口吻和反复说教的方式，这容易引起学生对教师的惧怕、逆反心理；一些教师缺乏情绪管理能力，容易对学生发脾气、大吼大叫、冷嘲热讽，甚至使用贬低的话语伤害学生的自尊心，导致师生关系僵化，容易爆发矛盾冲突。而且，越是面对低学龄段的学生，教师的强势越明显，学生处于“弱势”状态，更倾向于使用“压抑”的方法来处理遇到的危机。

很多学生表示自己有“躲着老师走”“心里话不敢和老师讲”“怕老师生气”等想法和行为。部分学生哪怕遇到了极大的危机事件，但出于对老师的负面“刻板印象”，也很少会优先选择对老师说。

因此，在危机事件来临时，教师一定要以尊重和真诚的态度来与学生沟通。尊重能使学生感受到价值、尊严，感受到师生之间人格的平等。教师应把学生当作有思想感情、有生活追求、有独特性与自主性的人去看待，而不是只把学生当作不懂事、没长大的孩子，当作被动的被教育对象。真诚是指教师要用自己的真实感受去对待学生，不伪装自己，不把自己藏在“教师”这个专业角色后面，不是在扮演角色或例行公事，而是作为一个表里如一、真实可靠的人去与学生沟通交流。

当学生感到自己被尊重和真诚对待时，他会更放松，更信任教师，这给师生之间的危机沟通打下了良好的基础。教师心怀尊重、真诚，就能建立并维系良好的师生关系与沟通基础。

（2）接纳并关注

危机事件发生后，当事人会有很多对与错的判断及道德上的评价，内心也会因此产生内疚、羞愧、纠结等痛苦情绪。他们要么试图改变那些不可能改变的事情，要么仍然纠结于过往经历，总是将精力放在“要是当初我如何如何，现在就会怎样怎样”上。

接纳就是允许这些事情的发生，同时允许与事情相关的负面情绪体验存在。当危机事件发生后，要接纳的并不是危机事件本身，而是接纳事件的结果已经发生、不可改变，接纳当事人作为个体的局限性。

如果教师能够关注到并接纳学生身上存在的危机事件的影响，学生就会感受到自己是安全的，与教师沟通危机事件的内容是安全的，相信自己的问题、困扰和痛苦能够被教师看到，能够获得教师的理解。

（3）同理性回应

同理性回应是指带着同理心对当事人的情绪做出回应。同理心不是同情心，它是把自己放在和对方同等的位置上，设身处地理解对方，进入对方的认知框架下，以他的角度去看待世界，去理解发生的事情。教师的同理性回应能让学生感觉自己被接纳，产生一种安全感，并感受到愉快和满足，利于双方沟通和表达。

（4）倾听

沟通时要把握听和说的比例。在心理咨询谈话中都会强调咨询师听比说更重要。耐心细致地听学生叙述自己的苦闷，本身就是对他的安慰和鼓励。只有诚恳地、全神贯注地去听，学生才有兴趣讲。因此，教师在遇到学生危机后，不要急着去表达自己的看法，而要先倾听学生的诉说。倾听的具体内容可参照本书关于倾听的章节。

2. 校园危机事件沟通前的准备

校园危机事件沟通前应做好相应准备，保证沟通效果。

（1）对事实情况及当事人行为的了解

在沟通干预前确保了解事实情况，了解学生在危机事件之前的日常行为状态及学生目前的行为状态，以对学生的行为变化进行评估。要了解的内容包括行为改变的程度、行为发生的频率、行为反应的强弱、行为持续的时间、行为的意义等。

（2）对沟通的合理预期

校园危机事件沟通的主要目的是稳定学生情绪，帮助学生尽快恢复社会功能，保障学生的日常生活正常有序。危机沟通不是万能良药，没有专业受训背景的教师很难依靠短期的危机沟通完全解决学生所面临的困难。教师要对沟通的结果抱有合理预期，复杂情况下及时和其他危机干预人员协作。

（3）请求专业支持

要请求学校心理教师的专业支持。学生管理工作者、学科教师、寝室长等要在心理教师的指导下，密切关注已被诊断为有心理危机的学生，并给予他们支持性帮助。

3. 校园危机事件沟通的实用技术

（1）重复技术

重复技术也称为复述技术，即直接重复当事人的某些话，或以某些词语如“嗯”“好”“然后呢”“接下来呢”等，来强化当事人叙述的内容并鼓励当事人进一步讲下去，以获得更多信息，进一步理解当事人内心的想法、感受等，促进沟通沿着被重复的内容继续。例如：

生：我当时非常生气，感觉大脑一片空白。

师：你很生气，于是大脑一片空白。

生：对，然后我就打了他。

师：你打了他？

生：对，因为……

（2）开放式提问

提问有两种方式，一种是封闭式提问，另一种是开放式提问。

封闭式提问的问题比较简单、常规，内容涉及范围较小，常常只能获得“是”或“否”的回答，在危机事件的复杂情况下，难以让沟通继续。

开放式提问常常运用包含“什么”“怎么”“为什么”等词在内的语句发问，让当事人对有关的问题、事件给予较为详细的回应，而不是仅仅以“是”或“不是”等简单的词来回答。开放式提问是引导沟通内容纵向深入的一种方法，使对方能更多地讲出有关内容、想法、情绪、感受等。

（3）具体化

许多受到危机事件影响的当事人会处于一种混乱、痛苦的状态中，他模模糊糊地感觉有一大堆让自己难受的事，但是对于到底是哪些事、是什么感受却说不清楚，而这种说不清的感受又加重了他的困难感。

具体化技术使沟通的内容指向事实和细节，使沟通双方对所谈论事件的具体细节有准确、清晰的理解。教师使用这一技术，有助于他准确地理解当事学生遇到了什么问题、他的感受是怎样的，以此了解当事学生的思维和感受方式。沟通时通过“何人、何时、何地、发生什么事情、如何发生、有何感觉、有何想法”等问题，协助当事学生更加清楚、具体地描述所遇到的困难或实际情况。

例如：

生：我觉得别人都不喜欢我。

师：你能不能告诉我你说的“别人”具体指的是哪些人？

生：我宿舍的一些人。

师：能具体讲讲是宿舍中哪些人吗？

生：张 ××。

师：发生了什么事情让你觉得他不喜欢你？

生：之前我们因为一些琐事发生争吵，后来他就一直看我不顺眼，每天在宿舍里阴阳怪气。昨天只有我在宿舍的时候，他还冲我摔门。

师：所以，不是别人都不喜欢你，而是你和张 ×× 之间的关系有些问题，让你觉得困扰，对吗？

生：是。

上例中，教师通过具体化技术明确了学生困扰的来源，缩小了沟通的范围，为进一步解决危机事件奠定了基础。

（4）改变视角练习

切换当事人观察、评估校园危机事件的视角，改正其对危机事件的错误认知。

例如，小张约小王放学后一起外出玩耍，在过马路时，小王不幸被汽车撞伤，并因此住院。事后，小张十分自责，认为一切都是自己的错，觉得如果不是自己约小王出去玩，就不会发生这场车祸，并因为过度自责而深陷抑郁。

此时与小张沟通，可以选择改变视角练习。邀请小张选择一个舒服的姿势，坐着或者躺着均可，闭上眼睛，以第三人视角想象当时的情景：把镜头拉远，假装自己是一个陌生人，正路过车祸发生的现场。当小张以另外的视角对事件进行重新观察后发现，自己约小王放学后外出玩耍与发生车祸是两个独立事件，发生车祸是因为司机违反交通规则，而不是自己的过失。这个新的观察和领悟，让小张自责的情绪得到了极大缓解，他的抑郁程度随之降低。

通过改变观察视角，当事人有机会重新评估自己在危机事件中扮演的角色，改变了对自己的歪曲认知，情绪状态得到明显改善。

（5）情绪重组

情绪重组是对学生各类情绪最有效的调节策略之一。它是指转换观点，改变情绪的意义，指导学生更加积极地解释事件，从而改变学生对现状的感觉。

例如，一位成绩非常优秀的学生找到老师说，他有很多暴力冲动，为此十分苦恼。经了解，他在考试前听到某同学用嘲弄的口气评价他："你成绩好只是因为有点小聪明，走运罢了。"他感到非常愤怒，又不想与同学"撕破脸"，但常常有想要狠狠揍对方一拳的冲动。

教师可以通过沟通，让学生认识到这种愤怒的情绪是因为自己的努力遭到了他人的贬低，此时产生愤怒的情绪是正常现象，接纳这种愤怒的情绪，化愤怒为动力，持续保持自己的优秀成绩，就是对自己的努力与实力最好的证明。

通过情绪重组，改变学生对愤怒情绪的看法，由"愤怒是不好的"转变为"我可以利用愤怒督促自己持续进步"，将负面情绪转化为前进的驱动力。

（6）重建认知，换个角度想问题

比如说学生考试失败时，他可能让自己处于压力下，自责、沮丧、破罐子破摔或者作弊、违纪，用自己的未来开玩笑。教师要引导学生换个角度想，让他正视考试失败，转变对待考试的态度，接受现实，制订下个月的学习计划，如此问题就变得容易解决了，学生心里也变得轻松多了。所以，要让学生正视危机，建立信心，相信自己有能力度过危机并化危机为机遇。

（7）深呼吸训练，平缓情绪，释放压力

面临危机事件时压力是不可避免的。紧绷的皮筋终会断，所以教师在与学生沟通的过程中，要教会学生如何给自己减压。我们认为深呼吸是最好的减压方式。可以指导学生，当他感觉到紧张时，深深地吸一口气，然后缓缓呼出，这时压力似乎也随着气体排出了体外。如果场地和时间允许，还可以出去运动。科学研究表明，适当运动可以有效地缓解心中的压力，从而使人精力充沛，更好的体魄也有助于抵抗压力。

（8）发掘当事人资源

每个人在成长过程中都有遭遇挫折、承受压力的经验，能够成长到现在，一定有其独特的应对困境的方法。因此，在危机事件的沟通中，教师可以帮助学生发掘其已有的资源和经验来支持他度过危机。

这些资源可以是当事人的智力、某方面的特长，也可以是亲人的支持、朋友的关爱，还可以是其应对类似情况的经验等。例如，问问当事人：过去遇到类似的情况，你都做了些什么？如果你朋友遇到同样的事情，你会建议他怎么做？通过类似的问题，帮助当事人发掘他已有的资源，增强他应对当下危机的信心。

（9）增强当事人应对困难的信心

很多研究都表明，自信心强的人比自信心弱的人更容易成功，也更容易走出困境。有自信的人会将危机看作挑战，而缺乏自信心的人则会将危机看作威胁。

所以，在校园危机的沟通过程中，首先，教师要保持充分的自信，多给自己类似“我能行”的心理暗示，同时将这种信念传递给当事学生，让学生相信自己有能力或有潜能成功应对当前的危机事件。

有时“相信什么”胜过“会什么”，信念就是我们内在的力量！一个行为的好坏并不代表个体的全部，人无完人，有缺点是必然的，要学会接纳缺点、正视缺点，用开朗乐观的心态审视自己、对待学习和生活。面对危机，教师更应该向学生传递“不屈不挠，永不放弃，乐观开朗”的精神。

（10）指导当事人多与朋友接触，建立良好的社会支持系统

朋友是学生生活中的重要组成部分，没有人可以没有朋友。让当事学生多和朋友聊天、倾诉，可以有效缓解他的压力，让他更好地应对危机。另外，朋友们会给予当事学生情感上的支持，并从同龄人的角度给出建议和意见。俗话说得好，“三个臭皮匠，顶个诸葛亮”，虽然朋友们无法替当事学生，但他们可以帮助当事学生。指导当事学生多和朋友们交流还可以改善他的人际关系，让他体验到同伴对他的支持和关爱，给他种下一颗良好信念的种子：当人生遭遇灾难时，可以互相扶持，共渡难关。

三、校园危机事件的沟通禁忌

发生校园危机事件后，教师往往都会产生焦急的情绪，投入大量的精力，有时候甚至会因为过度关心产生用力过猛的感觉，明明是好心好意，却不知道自己某些无意识的行为对当事学生造成了二次伤害。因此，在校园危机事件的沟通过程中，教师应有意避免如下情况。

1. 追问细节

当危机事件发生时，学生本身的精神受到极大冲击，会出现情绪不稳定、判断力下降等一系列问题，此时最紧要的是重新建立学生的安全感和稳定感，避免其回想起创伤经历。

汶川大地震时灾区人民调侃“防火防盗防心理咨询”的重要原因就在于，刚刚经历了重大的危机事件后，很多新手咨询师在问询过程中要求对方回忆并复述地震的细节，对当事人造成了二次伤害，给他们带来了极大的痛苦。

2. 不公正的怀疑

对于平时表现不佳或调皮捣蛋的“差生”，教师往往有偏见。在这些“差生”遇到危机事件时，教师容易对他们产生不公正的怀疑：“别人都没事就你事儿多”“该不会是你故意这么说，以逃避惩罚吧”。

在危机中的学生往往更加敏感，对教师表现出的不公正的怀疑态度，抵触情绪极强。如果学生无法信任教师，师生之间是难以进行有效沟通的。因为不论教师说什么，学生都听不进去，沟通尚未开始便已经中断了。

3. 不敏感、不重视

部分教师认为学生都是小孩子，觉得“小孩子之间能有多大事儿”，从而对学生所遭遇的危机事件不敏感、不重视。

学生群体的心智水平尚未成熟，无法有效评估危机的程度；学生能调动的社会资源极为有限，当面对同等程度的危机时，比成年人更脆弱，容易受到危机事件的影响。因此，教师不能以成年人的标准去衡量学生，要站在学生的视角和立场去理解他们所遇到的危机事件对他们到底意味着什么。

4. 大事化小

受文化传统的影响，教师常常抱有“大事化小，小事化了”的想法，要求学生懂得包容和忍让，但包容和忍让并不能真正帮助学生解决所遇到的危机，日积月累，学生逐渐就对教师失去了信任，认为“和老师说了也没用”。

5. 错误地对待抑郁症学生

不要要求患有抑郁症的当事学生振作起来。抑郁症有别于普通的抑郁情绪，抑郁症是病理性的，是身不由己的。当事人竭力振作但仍不能自拔，外人对他过多的要求只能使他更绝望。教师要给予当事学生更多的包容和关爱，避免以下的言论或行为：“你的痛苦都是你想出来的”“你应当为你的病负责”，埋怨和批评患抑郁症的学生，强迫其做他不愿做的事情，轻信其“绝不自杀”的承诺。对于被明确诊断为抑郁症的学生，教师要尽快与其家长联系，确保学生的安全。

四、校园危机事件的家长沟通策略

1. 严重事件先“打预防针”

发生校园危机后，学生的班主任（辅导员）或学校领导需要第一时间与家长沟通，但要注意沟通方式。

在本章开头的例子中，辅导员的一片好心最初为什么无法得到家长的认同？因为学生遭遇重大危机事件，对学生家长而言也是重大的冲击。若教师直接讲述事实，一方面，家长心里难以接受，常常会出现否认、暴怒甚至攻击老师的现象；另一方面，家长心神不宁，在赶往学校的路上也容易出现意外。

所以，在学生遭遇重大危机事件，需要与家长沟通时，教师要先给家长“打预防针”。可以先有选择地告知家长“你家孩子在学校出了一些情况，需要家长到学校来沟通一下”，这样说，既告知了家长需要及时赶到学校，也让家长心里有了一些预估，在赶来学校的路上，家长有时间做应对危机的心理建设，等家长到达学校再告知具体情况，家长更容易接受。

2. 邀请父母，妥善告知

教师需要与家长沟通学生遇到危机的详细情况，并向父母提供学生的危机信号，告知其严重性，引起家长的重视。

中国父母常常重视孩子的物质需求，忽略孩子内心的情感需求，认为很多时候就是“小孩子闹脾气，过几天就好了”。有的父母对孩子要求严格，“男孩子哭什么哭，忍忍就过去了”，不能理解孩子的心理危机，甚至部分家长使用简单粗暴的教育手段，起到推波助澜的反面作用，酿成惨剧，追悔莫及。

3. 危机事件后续跟进

学生危机事件的应对往往不是短期工作，危机事件后教师仍需要与家长及其他相关人员保持长期沟通。沟通的内容主要有：如果需要，要求家长陪读；及时将孩子的问题和困难与各科教师沟通；随时和家长沟通，让家长了解、掌握学生的状况，有针对性地采取帮扶措施。

五、遭遇校园危机的学生复学后的沟通

由学校里负责学生心理健康的部门组织专家对当事学生定期进行心理辅导，当事学生所在班级的负责教师对其学习生活进行妥善安排，并引导其他同学与其正常交往，了解其学习、生活和心理状况，

定期向负责的有关部门、领导汇报。尤其要密切关注自杀未遂的复学学生。教师与学校应定期与当事学生家长联系，反馈学生在校表现，督促家长履行监护职责。

◎练习

1. 对自己的学生做一次心理健康危机筛查。
2. 协助学校领导设计并组织全体教师做一次校园危机事件应对演习。

第四章　当教育爱上了网络

——线上教育中的师生沟通攻略

在信息化时代，网络介入教育已经是世界的潮流，势不可挡。2020年新冠肺炎疫情来袭，在线教育更是帮助广大师生度过了最具挑战性、最艰难的时刻。现在，教育和网络的结合已经越来越紧密。

相比传统教育，线上教学确实具有很多优势。首先，学习方式灵活、不受空间和时间的限制。哪怕学生宅在家里，只要有网络，就能接受学习任务，并根据自己的安排选择时间学习。其次，学习资源呈现形式多样化。相对而言，线上教育资源丰富、形态多样，符合青少年学生的认知规律和审美情趣。此外，线上教育动态的、色彩鲜艳的、游戏化的呈现方式能够结合学习内容，营造出良好的学习氛围。

但是，实施了一段时间线上教育后，对这种教学方式的批评也已经沸沸扬扬。从家长角度看，很多家长认为孩子上线上课程存在容易近视、没有课堂互动教学效果差、需要家长耗费时间监督等问题。从教师角度看，和传统教育方法比起来，线上教育是个新生事物，全国许多地方的教师还处于学习阶段，虽然有新鲜感，但操作起来没有把握。此外，教师最有体会的是网络介入教育无形中增加了教师的工作负担。有一线教师吐槽："事情越来越杂、工作时间越来越长、工作角色越来越多，手机信息像炸弹一样源源不断投放下来，我们一天到晚抱着手机，接收任务，理解消化后再传达任务……"外人听来像笑话，当事人只剩下一声叹息。

目前线上教育的发展方兴未艾，无法阻挡。如何根据线上教育的实际状况提升教学质量，打破线上师生沟通的局限性，最大化地发挥线上沟通的优势，也成了心理学研究的新兴话题。目前这方面有深度的研究并不多，本章分享的内容是笔者和几位中小学一线心理辅导教师、班主任讨论的结果，也许对大家有一些启发。

第一节 线上教育面面观

一、线上教育与学生的需求

早在若干年前，利用互联网的教育（网络教育）就已经诞生，许多高校通过网络课程对大学生、中小学教师、社会人士进行专业或职业培训。当时的网络教育通常采用录播课形式，教师提前录制好课程内容，学生利用网络平台观看、学习、讨论、完成作业。这样的授课形式具有便捷性、可重复性，但无法进行即时的师生沟通。

随着互联网的发展，越来越多的人开始重视线上教育，许多应用程序（App）也具有了即时性和互动性。尤其在 2020 年新冠肺炎疫情期间，学校、教师、学生、家长不得不选择线上的方式进行教学、交流、学习，促使中国甚至全世界的在线教育迅速发展了起来。

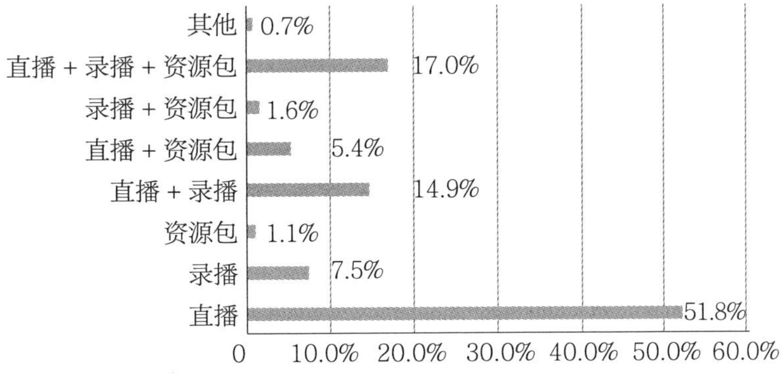

图 1 线上学习方式类型及占比

图 1 是浙江省对疫情期间在线教育情况的调查，可以看出超过半数的学生参与了线上直播课程，另有学生采取了录播、资源包等形式进行学习。

可见，直播听课是学生的首要需求，回看录播课程、寻找学习资源是学生的次要需求。

所以，教师需要将教学目标与不同学生的学情结合起来，尽可能全面预设学生的学习需求，设计、实施好线上教育课程。

二、线上教育产生的问题

1. 技术性失误

虽然很多教师自称为“十八线主播”，其实他们在开设网课的前期都做了许多准备工作。但还是有一部分老师直播没两天，就迎面接了个“当头棒”！

湖北仙桃某中学一位物理老师，在教学直播过程中播放视频时误点了“修复”命令，导致电脑中毒，播放了与教学无关的音频，造成了不良社会影响，这一失误被教委全市通报批评。

有的老师因为直播后台操作复杂，忘记了开播前需要做调试，自己在那里讲了大半天，学生什么画面都看不到。笔者有一次上网课时，因为一位学员的话筒里传出了一些噪音，助教就把她的话筒关闭了，但是由于操作不熟练，顺带把我的话筒也关闭了，结果学员就变成了看哑剧。所以，教辅人员学习线上教育的操作技术也很重要。也有老师因为网络卡顿，一下播发现朋友圈多了几个自己的表情包。还有的老师发现一节直播课下来收到了学生 5000 个赞，不得不怀疑学生有没有认真听课……

大大小小的线上教育问题井喷一般，引发了全社会的关注。虽然各个学校，特别是冲锋陷阵在第一线的老师上课前会对网络、设备、交流内容等小心翼翼地反复检查，但问题还是层出不穷。究其根本，这是由教师对网络教育熟悉程度不够、平台技术还不完善、商业竞争介入在线教育领域等原因导致的，相信这方面问题的改进相对会比较快。

2. 不当内容外泄

这方面报道的最严重事故是：某高校一副教授线上授课休息期间，因未关闭直播，造成微信聊天对话窗口弹出，大量不雅聊天记录曝光。其微信聊天记录被学生截屏发布到网上，引发广泛关注。校长办公会研究决定，根据有关规定，给予其调离教学岗位的处罚。学校调查小组继续调查其违反师德师风等其他问题，并根据调查结果依法依规进行处置。

考虑到网络传播的特性，用网上直播等形式教学时，教师对教学内容一定要以战战兢兢、如履薄冰的态度仔细审查过，以免一失足成千古恨。

3. 人际冲突扩大化

陕西某中学李老师近来比较火大，有些学生线上学习倦怠，还总有学生不交作业。李老师终于忍不住了，在群里对逾期未交作业的学生进行了严厉的批评，情绪越来越激动，到后来甚至爆了粗口。家长听了李老师的话很生气，觉得李老师有违师德规范，把聊天记录截图在网上进行了曝光。当地教育局很快就对此事做出了处理：李老师暂停上课，写检查，给学生道歉，当年年度考核为不合格。要知道年度考核不合格就意味着失去晋升职称、评优评先的机会，甚至会影响其工资的正常晋级。这样的结果也许是李老师始料未及的。

所以，线上教学时老师特别要注意的是：尽量不要在网上公开批评学生。在传统教育中，虽然老师在课堂上经常批评学生，但其后果一般可以预料和控制。而在网上公开批评学生，很可能把会把事情扩大化，然后就变得一发不可收拾了。

4. 健康受损

（1）身体健康

如果长时间在线上学习、工作、沟通，多种健康问题会尾随而来，如“鼠标手”、眼部疾病、颈椎病、腰肌劳损、肌紧张性头痛及血管性头痛等，严重者还会形成顽固肌紧张性头痛。青少年还可能因为正常的睡眠周期被打破，停止上网时出现失眠、头痛、注意力不集中、消化不良、恶心厌食等不适症状。

特别要重视的是，据眼科专家介绍，目不转睛地盯着屏幕会造成眼睛过度疲劳，轻者引起近视，重者可能导致视网膜脱离甚至失明。

因此，建议广大教师、学生在上网课过程中留出几分钟时间，做一些简单的运动，缓解身体与眼部的疲劳，特别是中小学教师，还可以在讲课过程中穿插播放一些音频资料，请学生闭目倾听，既能缓解眼部疲劳，又能训练学生的注意力与倾听能力。

（2）心理健康

过度使用网络常常会导致青少年出现情绪障碍和社会适应困难。在心理方面，会出现注意力不能集中和持久、记忆力减退、对其他活动缺乏兴趣、为人冷漠、缺乏时间感、情绪低落等症状。这些心理问题也可能影响青少年在行为方面的表现，使其出现品行障碍，产生攻击性行为等。

心理学研究发现，人与人之间的直接交往对我们语言表达能力、倾听能力、交友能力、观察能力以及处理生活中各种问题的能力的形成和发展非常重要，不可或缺。所以，随着网络越来越发达，学校教育反而更要重视由此带来的心理健康问题。

5. 互动不畅

网上授课都是视频的模式，在沟通上会有很多不便。

学生吐槽最多的情况是：自己提出的问题不知道什么时候老师才能看到，而且网上人多，老师也很忙，不一定能注意到自己，这就会影响自己的学习。对此，学生最好是能把问题随手记录下来，事后私信老师或者是上网找相关的资料，这样才能保证自己的学习不被耽误。

又如，提问这种常见的课堂互动方式在网课中用起来就比较难，笔者自己就有真切体会。一次我上网课，共有 80 余位学员。我问了一个问题，有人很积极地回答了。我想要点开这位学员的头像互动一下，可是看着电脑屏幕上学员的头像一个个地慢慢显示出来，课堂节奏就被破坏了。后来，我再也不敢做这样的互动了。

也许随着技术的进步、软件功能的提升，这些问题会逐渐得到解决，但在目前阶段，学生注意力容易分散，师生之间、同学之间缺少面对面的情感交流等线上教育的固有弊端还是很难克服的。

这些年来的教学实践已经证明，线上教育与传统的课堂教学确实有许多不同之处。所以，教师在享受互联网带来的便利的同时，更要重视其不利的一面，主动突破线上沟通的局限性，提高线上沟通的效率。

第二节　怎样做好线上师生沟通

一、线上教学的基本原则

1. 选择合适的教学平台

腾讯课堂、钉钉、瞩目、学习通、晓黑板……您知道在2020年新冠肺炎疫情期间，一共有多少在线教育平台被人们熟知吗？哪些软件可以让学生看到老师的电脑屏幕？哪些软件可以布置选择题让学生在课堂中完成？哪些软件可以统计学生上线上课与答题情况？哪些软件可以让学生自由讨论，让老师及时了解学生的困惑和问题？……

因此，教师要做好线上教学，首先要与时俱进，学习各类软件，根据自己教学、学生学习甚至家长的各种需求，选择合适的教学平台。选择时需要注意的细节包括以下几点：①选择具有直播连线、即时讨论功能的软件进行线上教学，并允许学生即时提问；②选择具有统计、互动、批改、二次提交与批改功能的软件，以了解学生的学习情况；③选择可以在需要时关闭讨论功能的软件，以免你一句我一句产生"团体极化"现象（group polarization，即经过群体讨论后的决策越来越极端、冒险），有些软件的设计是非常人性化的，会根据需求不同提供不同模式；④选择可以即时掌握学生学习情况的软件，便于师生后续的有效沟通。

2. 即时关注课堂活动情况

无论是线下教学还是线上教学，都需要教师随时关注学生的表现。然而线上教学对于教师观察学生有一定的难度，因此，教师可以用一些方法来弥补。

①在第一次网上授课之前对学生提出具体要求，即课前约定线上教学沟通的相关事宜。例如，告诉学生老师会在讲课过程中进行点名，被点名的学生需要回答问题，要保持听课环境安静，要做好笔记等。

②在特定时间内可以要求学生打开话筒回答问题，但为了保证学生线上学习的质量，在其他时间段让学生关闭话筒，以免噪声干扰课堂。

③学生在教师提问时进行回答，其他时间保持安静，认真听讲，划出重点，记录自己不明白的地方。这里并不鼓励教师生硬地提出要求，而是建议通过提问、“随机彩蛋”等方式提醒学生，这样有趣的形式，也有利于学生接受和参与。

④对于违反课堂规则的学生，建议教师允许其继续听讲，课后进行单独沟通，必要时可联系家长。要再次强调的是，不要在线上授课时公开批评学生。

⑤关注学生线上听课的状态，根据授课软件的统计数据，对不参与线上学习或活动的学生进行询问，了解其不参与的原因，也可以通过课下随机检测的方式督促学生认真听讲。

⑥对意外情况，如网络掉线、停电、环境噪声、暂时离开上厕所或听不清等情况，教师和学生都要做好应急预案。例如，当家中网络掉线或停电等特殊情况发生时，教师应冷静面对，提前做好课件与教案的备份，及时通知领导安排其他教师继续完成授课，或是后期通过

录播课弥补。学生则可以利用其他时间通过观看回放或录播课来查遗补漏。

3. 预留时间，设置线上课堂讨论区让学生自由发言

有许多教师在线上教学时为了不影响教学效果、保证教学进度，关闭了学生的话筒、关闭了讨论功能，这样会影响教学效果。沟通的主体不是教师一个人，而是教师和学生双方。因此，教师在线上教学时还需要设置讨论区，为学生提供讨论、提问、交换想法的时间与空间。教师可以在每堂课结束后，对于有代表性、普遍性和有价值的问题做出统一回复，并于每天固定时间在线等待学生进行个别提问。这样不仅为学生提供了交流的平台，也为教师提供了了解学生学习情况的途径。

二、线上师生沟通的心理学策略

1. 尊重学生个人隐私

每个人都有隐私，隐私是有关个人生活的一切不愿意让别人知道的事情。当今社会对隐私的定义应该更加广泛，即使是发布在微信朋友圈及其他网络空间的信息，在未得到允许的情况下，也不应该进行截图、转发。这好比作者将个人作品发表在网上，其他人在没有得到作者允许的前提下转发，就会涉及侵权，可能被追究法律责任，不可直接转发是一样的道理。

曾经在一所学校就发生了这样一件事：

学生在个人朋友圈发布了一条消息，配图是自己穿着较为暴露的图片。年轻时髦的班主任看到后并未觉得不妥，就将学生的朋友

圈进行截图，并转发到自己的朋友圈，配文写了一句“向年轻人学习”。

没想到两小时后，学生联系了老师，师生对话如下。

生：老师，为什么把我的朋友圈发出来了？

师：我觉得挺好的呀。

生：老师你知道吗，我妈妈来问我为什么穿着这么暴露。

师：我觉得还好呀，我忘记屏蔽你妈妈了。

生：我妈把我骂了一顿，我屏蔽了她，但是却没有屏蔽你。你不应该直接转发呀。

师：好吧，可是你发在了朋友圈不就是公开的意思吗？

生：如果是公开的，那要屏蔽功能干什么呢？

师：我知道了。

这位年轻的老师找到了他的师傅，把这件事情告诉了师傅。

师傅对她说：“随着网络的发展，越来越多的人喜欢把个人生活发布在网上，其实这无异于把自己的隐私公开了。但是，教师对学生而言仍然是特殊的群体，在和学生交往中要注意一个‘度’，了解学生的个性，尤其要将学生当成一个独立的、有权利的个体。对于学生不愿意公开的事情，要懂得为其保密，但性质严重或有生命危险的除外。这需要你好好斟酌一番。”

显然，这些道理每一位教师看起来都懂，但做起来未必老到。

所以，在网络上公开学生的隐私，或者未得到允许将他的想法通过聊天软件告诉其他老师、家长、同学都是不可取的。如果教师这么做了，不仅侵犯了学生的隐私权，同时会失去学生的信任。

教师可以这样处理此类问题：首先，教师要以身作则，如果侵犯了学生隐私，应该向学生道歉，求得学生的原谅；其次，在班会课等场合教育学生不得随意公开他人隐私，同时抓住每一个教育契机，教育学生不去干预其他学生的个人生活；最后，关心学生，但是不过分干预学生的个人生活。发现学生的特殊情况必须要告诉家长的，需要委婉、真诚、客观地表达。

必须强调的是，若学生因为隐私被公开造成心理伤害，需要及时联系心理咨询师进行心理辅导。

2. 适当进行"自我表露"

什么样的教师最让学生喜爱呢？有才华、有见识的，还是有理想、有专业素养的？研究证明都不是。很多学生的答案是：有故事。一个人身上有故事，会讲故事，会拉近和身边人的距离。

自互联网诞生以来，以互联网为媒介的人际互动塑造了新型的人际关系。心理学家将这种人际互动称为Computer-Mediated Communication（简称CMC），即人们使用网络来进行文字、声音、图片、影像等的交换。由于CMC具有虚拟性、匿名性等特点，与面对面交流相比，有更多表达情感的方式，对亲密感的形成有重要作用。

请看一段年轻教师和学生的对话。

> 生：老师，我看到你朋友圈发了你喜欢cosplay（角色扮演）。
>
> 师：是啊，我从高中开始就喜欢，我认为它很有魅力。
>
> 生：老师你平时都参加一些什么活动呢？
>
> 师：我一般都是和团队一起，大家一起扮演一些动漫角色。

生：那太酷了吧！以后我可以参加吗？

师：可以啊，不过我们在假期才组织活动，平时要好好学习。

生：那是当然啦，谢谢老师。

师：我在参加cosplay的过程中，还遇到了好几次有趣的乌龙事件。

生：什么乌龙事件呀？

师：我和你说……

教师如果能够建立一个良好的“个人故事圈”，以文字、图片、短视频等形式让学生了解自己的部分生活，学生就能够和教师形成一定的亲密感，同时，家长也会更加理解和信任教师。这对于学生的学习和人格发展有重要的作用。

自我表露（self-disclosure）指的是向他人透露自己的个人信息，它是亲密程度的指标之一。如果双方能够拥有一些较为私人、相对秘密的信息，就能够产生较为亲密的感觉。教师可以有适当的“自我表露”，如对班级管理心得的分享、对周末生活的记录、对个人兴趣爱好的展示，都能够让学生找到更多的共同点和共鸣点。

因此，作为新时代的教师，不仅要构建出一个“实体”的自己——智慧、威严，还要打造出一个“虚体”的自己——真诚、善意，让学生感受到教师是一个具有真实情感的个体。

教师可以这样做：①在微信朋友圈适当发布自己的生活信息，拉近与学生的距离，让教师不再是一个神秘、冰冷的角色；②在学生遇到困惑时，告诉学生自己有过同样的困惑、心路历程，这样，教师给出的建议更能够被学生接受和采纳；③可以适当地进行“自我表露”，分享自己的困惑、遇到的一些挫折、成长经历等，但要警惕“自我表露”过于负面、消极，超出学生的心理承受能力，影响其心理健康；④教师要像一颗太阳，用正面、积极的言行为学生做榜样。

3. 处理好师生之间的三种关系

线下沟通和线上沟通都只是一种形式。心理学的研究者认为：亲密（closeness）、依赖（dependency）和矛盾（conflict）是师生相互作用和影响的三种主要关系。

影响师生互动的主要因素十分复杂：一方面，双方的个性特点会影响互动关系；另一方面，师生互动是双方经历、观念、期待、情感的综合反映。

通过网络教师可以在教学之外和学生保持一定的社交关系，同时需要注意一些重要事项。

（1）亲密有度

师生互动的本质是人格上的相互影响，当学生和教师产生较为亲密的互动关系后，学生就容易对教师产生“移情”（transference）现象。

“移情”是由心理学家弗洛伊德提出的，指的是病人将其童年或早期生活中的情感体验与感受投射到治疗师身上。在这里，我们可以理解为学生将自己的情感体验投射到教师身上，把教师当作自己最亲密的依恋对象，从而打破师生边界，使得双方情感过度卷入。

而且，由于线上沟通的特点，学生的一些表述会比线下沟通时更加大胆直接。因此，即使是线上沟通，师生之间也要注意亲密有度。若学生对教师产生“移情”，比如所有的心事都要告诉老师、每天晚上放学后联系老师，缺少其他社会支持系统，教师就需要注意与学生保持距离，减少过度的情绪卷入。

（2）不过分依赖网络

如果学生在课堂外更愿意通过网络与教师沟通，时间长了之后，他们真正面对教师时反而会表现出羞怯、木讷、分寸感缺失等一些心理障碍。教师不能让学生过分依赖网络，要让学生通过线上、线下相结合的方式和自己保持联系。例如，通过网络通知学生在线下找自己谈话，尽量通过面对面的方式为学生讲解题目，让学生保持一种“现实感”，不过分依赖网络作为沟通形式。

（3）妥善处理矛盾

在线上处理师生之间的矛盾时，要根据线上沟通的特点采取合理的沟通方式。这是因为面对面交流时，人可以根据对方的即时反馈马上调整自己的言行，但网上交流对“预判”自己发出的信息可能会引起对方什么反应的要求更高了。在这方面并没有人做过系统的研究，人们基本上是凭着自己的经验来处理的。

线上沟通难免会遇到一些误会和无法解释清楚的事情，毕竟在网络上沟通，双方看不到对方的表情、姿态、动作，就容易产生误解。一旦教师发现与学生的沟通中存在这种矛盾，就需要合理地解释，处理好矛盾。

比如，教师给学生发信息说“你到我这里来一趟”，学生只看到文字，一定会忐忑不安，不知道老师找自己所为何事。但如果在线下，教师面带微笑地看着学生说“你到我这里来一趟”，学生的反应会很自然。当老师发现学生有疑惑的表情或者面露难色时，还可以补充一句“老师想请你帮一个忙”，那么学生自然而然就会放下心来。

4. 巧用非语言符号

由语言带来的影响，我们知之甚多。然而，在线上沟通中，不仅有语言，还常常用到非语言符号。

大部分非语言符号的含义，人们对其理解是有共识的。比如意味着开心，意味着悲伤或懊悔。但是有一些表情在不同人看来意思是完全不同的，比如，有些人认为这个表情是微笑，也有些人认为这个表情意味着冷笑或嘲讽。

非语言符号在线上沟通中十分常见，教师不仅要主动了解学生对于各种表情的理解，顺应学生的沟通习惯，也要通过日常沟通，让学生理解教师习惯使用的符号背后的真正含义，以寻找双方习惯的平衡点。

现在有很多网络语言在学生中深受欢迎，作为教师必须对此有所了解，尤其是对一些年龄较大的教师，需要适当补充一点这方面的知识。

一个时代有一个时代的特点，不管是资深教师还是新手教师，都应该不断学习互联网时代的各种新知识，学会和学生进行高效的线上沟通，从而跟上这个飞速发展的时代。

◎练习

1. 尝试比较几种线上教学和沟通平台的特点及其优缺点。

2. 是否有学生对你产生过移情？如果有，当时学生的表现如何？你是如何处理的？

3. 对下面的非语言符号（表情），你是如何理解的？学生是如何理解的？你的父母是如何理解的？

表情	你的理解	学生的理解	你父母的理解

第五章 “围魏救赵”见奇效

——家校沟通的线上线下心法

2018年7月，笔者给教师做了一场“职场压力情绪管理”培训。课堂上讨论了一个问题：什么是带给教师最大心理压力的“心魔”？结果绝大多数老师认为是家长—教师微信群。

笔者把这个结果发到微信朋友圈，引起了很多教师朋友的共鸣，他们也发表了很多感想。

一位老师这样调侃：

“不知从什么时候开始，教师这个行业、吃饭要回信息、上班要回信息、下班要回信息、走路要回信息、坐车要回信息、睡觉要回信息、起床要回信息、度假要回信息、购物要回信息、开车要回信息、蹲坑要回信息……，但在别人的眼里，你就是个玩手机的！”

另一位老师说：

“有一次一位家长中午一点左右单独给我发信息，说给我提几点意见。发了几条信息后，可能觉得意犹未尽，晚上十一点多和隔天早晨六点不到，又发来两条信息。像我这样睡眠不好的人，刚入睡就被吵醒了……”

还有一位班主任跟我说：

“家校微信群无形中已经把我的工作时间延长到了早上6点到晚上11点……”

但是，教育的影响力是由教师、家长、社会形成的“合力”，光靠教师“剃头挑子一头热”是绝对不够的，很多有经验的教师一看到学生的父母，就能对他们子女的状况猜个八九不离十。因为家长是孩子的第一任老师，每一个学生身上都明显地留有家长影响的“烙印”。有时通过与家长合作来影响学生，确实有“围魏救赵”的奇效。

所以，作为教师，尤其是班主任，吐槽归吐槽，工作是工作，家校沟通这一关还得过。教师只有维护好家校沟通的通道、提升与家长沟通的成效，才能缓解自己的心理压力，获得工作幸福感。

教师跟家长沟通与跟学生沟通有许多不同的地方。这里，我们从线上沟通和线下沟通这两个方面来分析，其中不少内容是一线教师的切身体会。

第一节　线上家校沟通心法

一、线上家校沟通的常见形式

线上家校沟通有多种形式，教师可以通过私信的方式与家长一对一沟通，也可以通过发布公告和通知等方式与家长进行一对多的沟通，还可以进行多对多沟通，比如群聊、线上家长会等。

线上沟通具有易传播、易讨论、易极端化等特征。有时一件比较简单的事情拿到群里讨论，会出现各种声音，最终导致问题僵化、扩大化或者不了了之。

所以，教师要根据线上沟通的特点和优缺点，结合自己班级学生、家长的特点，选择合适的方式与平台进行沟通。

1. 一对一在线沟通

一对一在线沟通指的是教师与某个家长通过网络进行个别沟通，其特点是具有私密性、针对性。

如果个别学生出现学习或品行问题，教师可以采取一对一在线沟通的方式，使问题在小范围内解决，减少因传播带来的一些不必要的影响。

一对一在线沟通的难度在于，教师无法及时、准确地掌握家长的情绪反应和内心真实状态，教师可能因语言使用不当引起家长的应激反应，或者使家长产生不好的联想。

一对一在线沟通经常出现家长觉得教师是在针对自己的孩子、家长感觉老师的语气不尊重自己等问题，处理得不好就会引发一些不必要的矛盾纠纷。

2. 一对多在线沟通

一对多在线沟通指的是教师通过网络与多位家长进行沟通，其最大的优势在于能节省时间，大大提高工作效率。

针对学生的共性问题，教师可以通过一对多在线沟通，将班级学生的学习进度、克服学习困难的方法、需要家长配合的具体事宜等告知家长。同时，可根据需要，选择让家长做出回应或不必回应。不需回应时，教师可以提醒家长无须回复，或直接使用“发布通知”“发布公告”等无须回复的功能，避免家长间相互比较、相互干扰。这也在很大程度上避免了一部分敏感家长的疑虑，不会让他们觉得教师是在针对自己的孩子。

3. 多对多在线沟通

多对多在线沟通指的是教师（可以是一位教师或多位教师）、家长可以即时互动，每个人都可以发表观点，家长之间也可以进行交流，且其余人都能够看见交流信息，如通过微信群、QQ 群等沟通。

多对多在线沟通是最为便利的，可以在最短的时间内使所有人都获知信息。同时，通过这一方式也能让家长、其他任课教师参与班级管理，更为民主、透明。

班主任要做好其他任课教师和家长沟通的桥梁，一般需要提前与任课教师沟通好发布消息的细节，也需要向家长说清楚群内发言的规则，并建议教师和家长共性问题群内沟通，个别问题私信沟通。

一位小学教师说了她自己的一个例子：

班主任可以巧妙地让家长做“传声筒”，例如，可以直接指定一些在日常生活中比较热心、不会背后议论的家长，让其代为发布一些信息。或者正好某位家长找你有事儿，你可以顺便让其帮忙在群里发一些信息。这样，帮忙的家长会有一种存在感，觉得自己也可以做事情，同时其他家长也会感觉这位家长非常热心，能够为班级事务操心。久而久之，一些家长会主动关注一些班级事务，比如会在群里发个温馨提醒“星期一要穿校服”等。所以教师在利用网络平台时不一定事事自己发言，冲在最前面。

二、线上家校沟通的几项注意

线上家校沟通中经常会发生一些矛盾，基本上每个班主任都有体会。

据报道，疫情期间，有一位老师在晚上10点过后发信息提醒一位学生交作业，竟然被家长投诉到教育局，理由是老师打扰了学生的休息。

另有一则新闻说，家长晚上11点给老师发消息，老师没有及时回复，家长越想越气，第二天就投诉到校长那里去了。家长认为，虽然是晚上11点，但自己的孩子还在写老师布置的作业，自己还要陪伴孩子，他们都还没睡，老师凭什么可以早早入睡？老师为什么不第一时间回复自己的消息呢？

面对重重矛盾，教师必须认清自己的角色，注意与家长沟通的时间、技巧、内容、方式等。做好以下几点很重要。

1. 做好角色定位

教师的角色是有一定权威性，与家长沟通时要体现自己的专业性。要避免与家长随意开玩笑，吐槽班级其他学生或学生家长。要建立自己严肃不失优雅的教师形象。

在和家长互相尊重的基础上，坚守自己的原则和底线是每位教师应该修炼的功课，但有时与家长沟通也像一场心理上的博弈。下面是一位班主任提供的真实案例。

“有一位妈妈总爱发长信息，手机屏幕占满了都不够她一条信息，发送的时间从中午 12 点到晚上 10 点。每一次她发信息，我都会语音回复，或者利用放学家长接孩子的时间与她短暂沟通。我告诉她，有时我会忙得顾不上看信息，我还有干眼症，大夫让少看电子产品，希望她少发信息，但她还是我行我素。

“有一次她因为想给孩子换座位，又发来一长串的文字说同桌打扰她孩子学习。我想不能再这样没完没了看手机、回信息，得换一种渠道沟通。所以，我利用放学时间和她进行了一次面对面的正式谈话，重点是消除她的各种担忧和顾虑。

“首先，我给她讲了班级换座位的制度及其好处；然后，我告诉她实行这个规定之前都已经告诉过家长，而且每家孩子都是可以做到的；最后我强调，只有一种情况可以换座位，那就是孩子的视力出现了问题，但要有医生的专业建议。

“家长还有疑惑：‘那为什么孩子告诉我，老师给后边几个同学换了座位？’我向她强调，后面那几个同学换座位是没有一个家长来提过要求的，而是我通过自己课上观察以及和其他老师沟通，发现孩子有问题、有必要调整才换的。所以她的孩子没有换座位并不是说老师不管，我正在观察、想办法。

“我向家长强调，从孩子发展的角度看，换座位其实是下下策。要从根源上解决这个问题，首先是要让那个捣乱的孩子发自内心地想要改变，不再捣乱；其次是要求自己的孩子不受别人干扰，如果受干扰，可以让孩子第一时间告知老师；最后实在不行，老师才会考虑更换座位，同时也要取得同桌家长的理解和支持。

“经过这样一场对话，家长接受了我的处理方式。过了几天，孩子回家也向父母反馈同桌没再打扰他。”

这位班主任有原则、有策略地处理好了几个这样的家校沟通难题，提升了自己的影响力，在家长和学生心里树立了自己良好的教师形象，为自己班主任工作的顺利开展打下了基础。

2. 选好时机

（1）告知时间

教师要选择恰当的时间联系家长，尽量避开工作日最繁忙的时间和休息时间。同时，要告知家长自己方便沟通的时间，比如工作日7:00—19:00，并告诉家长自己一星期中哪几天有课，不能马上回复信息或联系。

（2）周末特办

为了让教师和家长的工作和生活不受打扰，双方要达成周末没有特殊情况不谈工作的共识。如果要打电话，之前最好发信息预约合适的时间，这个时间要留有余地，让双方有一个准备。

（3）疏密有度

遇到有家长的刁难时，不要有信息就立刻回，要让家长明白，除了特殊情况，工作时间以外不可以随便给老师打电话。不马上回复，也是给对方一个思考的空间：“老师为什么不回信息？是在忙吗？我发的信息是不是不合适？”

如果线上沟通时感觉到对方可能不太方便，不太着急的事情可以择日再沟通。此外，对一些不太好回复的问题，可以放一放，看看有没有更好的解决方法。着急生气时往往会失去理智，这时回复信息，很容易给自己带来一些不必要的麻烦。

另外，我们在沟通和交流的时候，一定要让家长感觉到，我们和家长是站在同一战线的，都是为了学生好。

（4）以心换心

在事情比较着急家长又不配合的情况下，教师还是要想办法，用真心来换取家长的理解，推进沟通进程。

有些教师总是对不配合的家长心怀怨气：“我已经非常辛苦了，那么忙还得给你们打电话，你们为啥就不接电话？耽误我的时间！”最后好不容易打通了电话，教师先发脾气：“××家长，你们总是最后回复，总是拖班级后腿……”

这样的做法无非是两个结果：一是家长暂时忍气吞声，但埋下家校关系的隐患；二是家长据理力争，双方吵得不可开交，引发更不好的结果。

一位班主任用了很多办法来督促家长配合：开家长会时不点名公开喊话，请家长配合务必关注手机，结果没多少人理她；请家长来校面对面给家长提要求，效果也不理想；最令人生气的是，能看到家长发朋友圈，却等不到他们的回复。后来她想，家长主要是不理解老师有多忙，更不明白老师节约出的时间可以给孩子创造多少看得见和看不见的利益。所以，要想办法取得家长的理解。后来这位老师发现，用这样的口吻打电话效果比较好：“××妈妈，我能理解您工作忙，谁也不可能一天都抱着手机看信息。但是咱们一个人不汇报，全班统计工作就无法完成，全校都在等咱们，而且学校汇总后还要再向上一级汇报。关键是，我一天都惦记着给您打电话，很多时候就做不了别的事情。您说，这些时间节约出来，我给孩子们辅导一下作业不是更好吗？”这样的沟通终于使家长理解了老师的一片苦心。后来这位教师发现，这位家长虽然偶尔联系不到，但是次数明显少了。

3. 用好语言

（1）多用文明礼貌用语

正式沟通前可以问一句：“××家长，想和您沟通一下××的学习情况，请问现在方便吗？”

多用“请”“谢谢您的支持”“感谢各位家长的理解”等礼貌用语，能让家长感受到教师良好的素养，也会让家长对老师产生尊重感和信任感。

此外，也要善用符号和语气词，如“谢谢啦”“好嘞～”“方便吗”等。

尽量不要使用命令式的语言，如“××家长，明天来趟学校！”看到这样的文字，屏幕前的家长心里可能早已“万马奔腾”，开始拒绝沟通了。

若我们换一种说法时，同样的意思会收获不同的回应。例如，“××家长您好，咱们好久没有联系了，想抽个时间与您沟通一下，您看明天上午八点是否合适？”一般情况下，家长听到或看到这样的信息，都会排除万难前往学校。

（2）开放式提问

对于学生出现的问题，如果需要家长解释，可以采用开放式提问的方法。

例如，“× × 最近学习成绩下降了”可以改成“× × 最近学习成绩有一些波动，您知道是为什么吗？孩子最近在家有没有什么与以往不同的表现？是什么影响了他？”。

教师最忌讳的是一开口就给孩子贴标签，例如，对家长说“你孩子不是不用心，就是笨”。这样的语言无疑是给教师自己安了一枚“定时炸弹”，这样的沟通还不如不沟通。

教师在沟通时要客观，同时站在家长的角度，就事论事，不能对学生或学生家长进行人身攻击。所以，我们可以尝试将否定句改为肯定句，将肯定句转化为“祈使疑问句”。例如，“科学数据表明，大部分人的智商其实并不会差很多，为什么会出现各种差异呢？是因为咱们家孩子笨吗？并不是！其实拉开差距的主要原因就是习惯和态度，您说是不是？”这种开放式的语言，既符合教师的身份，也是绝大部分家长可以接受的，他们也会跟着教师的思路去思考，并且得出一个肯定的答案。

（3）图文并用

如果学生在学校运动时受了伤，教师一定要第一时间通知家长。首先，教师要对孩子的伤势进行一个判断：如果非常严重，必须第一时间给家长打电话；如果是一些轻微的磕碰，可以在学校医务室先进行简单的消毒，随后再通知家长。在这个过程中，教师可以通过微信，把这个孩子受伤之后的照片以及伤口处理之后的照片发给家长，随后再征求家长的意见，看是否要接孩子去医院检查。

如果教师没有及时与家长进行沟通，很有可能使家长产生忧虑和担心，甚至是怀疑。

（4）细致入微

对于学生在校发生的问题，教师和家长沟通时，“细节决定成败”这句话同样适用。

同样是孩子在学校受了伤，发信息时得注意很多细节。比如：“××在校受伤了，请家长立刻过来”，这样的信息会给家长一种紧张压迫的感觉，可以改成：“××在校打篮球时脚崴了，体育老师已带孩子到医务室进行了简单治疗，目前情况较为稳定，但仍然需要家长带孩子前往医院做进一步检查，所以请您现在来学校，来时务必注意安全。”

为什么要在最后提醒家长注意安全呢？因为这个时候，家长更关心的是自己的孩子，没有见到孩子的时候，会担心、着急，焦急的心态很容易引发交通事故。这个时候，我们的一句温馨提醒，就相当于给家长吃了一颗定心丸，不至于因为着急引发一些其他的事故，也能让家长感受到教师传递的温暖：我们对家长尚且如此细心和耐心，对待孩子又怎么会差？

当然，如果情况更加复杂，应该直接和家长语音沟通或打电话。如果仅是发信息，一怕对方理解不正确，应对失误；二怕万一发生误会，这些已经发出去的信息可能会产生无法预料的后果。

（5）语音为王

任何线上沟通，特别是建议或疑问等最好还是通过语音媒介完成。线上沟通最有效的方式是打电话，实在没有办法的情况下可以语音留言，但要注意语气语调等，而且不能太多太长。

一位班主任谈了她的切身体会：

“一个家长中午一点左右给我发微信，提几点意见。当时我已经非常疲惫，但是仍然回复了信息。我以为事情已经解决了，但是家长晚上十一点多和第二天早晨六点不到，又发来两条微信。我当时在睡梦中被吵醒，心情非常郁闷，没有理会。我的内心也有点崩溃，觉得老师也是人，就是机器也需要定期检修呀，不能随时运转。我爱人也说：‘你可以在睡前静音呀。’

“但我一直认为，老师应该具有更高的道德水准，所以第二天我还是主动给家长回了电话。在电话沟通过程中，我能听出家长不是要恶意针对老师，心里舒服了很多。经过友好的沟通，事情很顺利地解决了。”

笔者在给学生做人际关系、求职等方面的指导过程中，发现文字沟通经常会让人产生一些误解、猜忌。当年在非典期间，因为不能面试研究生，当看到一名学生的材料上写着“喜欢教堂里的牧师”时，几位老师都对这名学生的心理状况有点怀疑。后来我见到这个学生时，发现情况并非如此。所以，面对面沟通成效最好，打电话其次，只有在某些特殊情况下发文字才能突显它的长处。

第二节　和家长面对面沟通心法

一、怎样做好约见前的准备

1. 先与学生进行简短交流

与学生简短交流是为了让学生了解约见家长的目的，安抚学生的情绪，同时通过和学生交流找出家长中最关键的那一位。

一般来说，如果教师没有指明，最常出现的家长会是母亲。然而，有时母亲并不是家庭中举足轻重的人物，而她又未必敢把事情转告给有影响力的父亲，于是学生的情况可能会继续恶化。有些单亲家庭，学生的监护人是父亲，但实际上他经常不在家，学生的日常起居由祖父母或外祖父母负责。所以，必须见到最关键的那个家长，学生的问题才会得到解决。

必要时，坚持要父母双方都到校是一个好办法。这时，注意给双方以同等的关注和尊重。有时父母中的一方在另一方面前噤若寒蝉，教师要协助他（她）发表自己的意见，这也许是另一位家长第一次认真地听他（她）分析呢。一般而言，父母双方合力教育子女比单人教育要好。

2. 电话或微信邀约

（1）用坚持对付推托

当家长在电话中感觉到这次约见会讨论自己孩子的不良表现时，常常会有诸多推托："最近我很忙，没有时间。我们在电话里谈，还不是一样吗？"这时，教师可以这样说："如果您实在忙，无法到学校里来，不如我到您办公室来吧，因为这件事必须和您当面谈。"家长听了，一般都会觉得不好意思，从而答应到学校面见教师。

（2）说明见面的重要性

约见家长总的原则是要让家长认识到见面是为了他的孩子好，但有时也要注意约见的时机和表达的内容。

例如，"小强昨天拿了同学的钱包，我们决定给他记大过，请您到学校谈谈"和"小强昨天拿了同学的钱包，我们现在正在研究如何处理，因此请您到学校一谈”，哪种表达方式更好是不言自明的。

二、怎样说好开场白

现在许多家长和教师都很忙，没有时间慢慢聊，所以见面时会单刀直入、直截了当地谈论学生的问题。这样做有时有点冒险，尤其跟那些不够熟悉的家长，如果能先做一些简单的交流，双方就不会感到太突兀。由于时间关系，教师不宜做无谓的客套，但以下两个方面的话教师肯定可以说，而且效果一般不会太差。

1. 表达对家长的欣赏

对素未谋面的家长，称赞他是否会弄巧成拙，让人感觉言不由衷？尝试用下面的表达一定不会错：“很高兴您能抽空到学校来”“我能感觉到您对孩子非常关心”“我发现您是个很负责任的家长”。

2. 表达对家长本人的关心

家长也有自己的职业和生活，有自己的需要，教师要尝试着把他们当朋友来看待。

“小军爸爸，我听说您是做销售的，经常出差在外，但每次开家长会您基本上都来，真不容易啊！”

“小倩妈妈，最近单位效益好吗？您一个人养育一对双胞胎，肯定很辛苦，有什么需要我帮忙的吗？”

“小群妈妈，听说前一阵子您身体不舒服，现在好些了吗？”

这样的开场白，不但融洽了关系、缓和了气氛，而且会使那些本来以为会受到教师的责难而抱有防卫心理的家长放下心来。

当然，这样的“寒暄”也不宜太多，否则家长会怀疑你的关心背后另有目的。

三、怎样与“挫败型”家长沟通

这类家长非常常见。因为教育孩子屡遭失败，当听到教师说起孩子又犯错时，他们不会再努力想办法改进。他们已经习惯了这种模式，只求在听完了教师的教训、答应了教师的要求后，可以尽快离开这“伤心之地”。

面对这种心灰意冷的家长，教师如果觉得他们无药可救，那孩子真的是没救了。这里，我们以和这类家长沟通为例，说说与家长沟通的一般方法和技巧。当然，在和其他类型的家长沟通时，还必须根据他们的特殊性给予特殊的对待。

1. 找出家长积极善良的一面

“王先生，我很欣赏您的耐心和毅力。虽然小骏犯了几次错误，今天已经是这学期第五次请您到学校来，但您每次都是尽快赶来，从不灰心。小骏有您这样的爸爸，真是幸运。”听完这句话，家长可能会有些惊愕，但相信教师接着说的每一个字他都会更乐意去听。

2. 不在责任上兜圈

很多教师认为，只要找出学生犯错的原因，一切问题就会迎刃而解。所以，他们经常会问此类问题：

“小明这次偷了同学的钱包，你们作为家长，真要好好想一想到底是什么原因？会不会你们家里的钱包也是随便乱放，他习惯了不问自取？”

这种自以为是的提问，会引起种种不良后果。

首先，家长会感到有压力。因为这些问题会让他们想：我们到底是哪里做错了？孩子还有前科吗？问题的原因主要是在家庭吗？

然后，由于感到自己的安全受到威胁，家长的自然反应可能是：会不会有人栽赃嫁祸？小明是不是受了行为不端的同学唆使？教师大概也没有教育好学生要妥善保管好自己的财物吧？

如果这样持续下去，会造成双方互相指责谁的责任大，敌意逐步增加。

所以，教师应该做如下处理。

首先，还是要多问开放性问题。例如：“您认为小明为什么会这样做？”“小明对金钱的观念是怎样的？”这些中性的问题可以引导家长去寻找问题的成因，并由他们自己说出来，避免了漫无边际的猜忌，也避免了互相指摘。

其次，要允许家长说“不知道”。关于学生行为问题的成因，有时家长会说“我们也不知道”。不管他们是真的不知道还是不愿透露真相，继续追问都不适宜。即使你迫使家长承认自己管教不严，也只能徒增敌意，对问题的解决没有任何帮助。

最后，不要推卸责任。遇到家长把责任归咎于学校时，教师应大度地说：“请你们放心，我们对学校发生的每件事都会负责到底。我们也会经常和学生讨论各种是非问题，但只有家长配合，对你们孩子的教育才能取得良好的效果。”

3. 增强家长的信心

（1）寻找孩子身上的闪光点

试看下列对话。

家长：小明从来不会自觉地去做功课，只会自觉地看电视。

教师：您会怎样处理？

家长：一般我先劝他，如他不听就大声骂他。

教师：效果怎么样？

家长：我很生气，他也很生气，结果就是他胡乱地把功课做完了。

教师：您有没有试过其他方法？

家长：摇摇头。

教师：您这么关心孩子，也很重视孩子的学业，一定尝试过用不同的方法去帮助他。

家长（沉思良久）：啊，想起来了！有一次，我在家加班，他看我非常认真地在工作，不知怎的，就关了电视，自己开始做功课了。

教师：是啊，这说明孩子确实还有懂事的一面啊！我们只要把这种例外变成他的习惯就行了。

引导家长找到孩子的闪光点，事情就会开始往好的方向发展。

（2）描绘成功的情景

试看如下对话。

教师：您希望小明变成什么样？

家长：他变不了，我对他已经失去信心了。

教师：假如有奇迹出现，小明的问题解决了，您将会见到一个怎样的小明？

家长：怎么会有奇迹？我无法想象这样的假设。

教师：如果在我们双方的努力下，一个月后小明开始转变，您觉得他会是怎样的。

家长：我想，他会自觉做功课，会知道父母赚钱不容易，会……

于是，成功的情景开始有了轮廓。

（3）给家长打气

教师可以说：“今天我们见面，是两位专家的难得聚首：一位对青少年的特点有深入的了解，一位具备对孩子从出生到目前的全部认识。我们双剑合璧，天下无敌！小明一定会健康成长的。”

（4）与家长进一步做建设性沟通

针对前面学生偷钱包的例子，教师可以说：“虽然你们想不出是什么原因导致小明这样，但我们从小明口中得知他是打算拿这笔钱去买一个模型。他向你们提出过这样的要求吗？当时你们是怎样回答的？”从这个角度切入，教师就可以和家长深入探讨家长对孩子零用钱的管理、学生储蓄的习惯、亲子沟通策略等问题。

四、怎样与“投诉型”家长沟通

对不少教师来说，最令其烦恼的家长，可能是那些有点见识、事无大小都喜欢找教师评理的家长。教师心里可能会这样想：班里有四十多名学生，如果家长都动辄投诉，我怎样应付这几十位家长呢？我连课都没时间上啦！

其实，教师大可不必这样想，任何事物都有它的两面性。

教师首先应该看到，对教师处理学生问题的方法、教学方式以及校规、班规有意见的家长，都是有进取心且坦率的家长。也许他们看问题不够全面、说话过于直率，但教师要有开放的胸襟与勇气去容纳不同意见，并把它们转化为改进、完善的动力。

如果教师尊重这些家长，并能认真聆听他们的想法，他们必定会以同样的尊重来回报教师，必定会欢迎同样真诚、坦率的回答和解释。教师忙是众所周知的事实。所以，在互相尊重的氛围下，当你说“对不起，我只可以和您谈十分钟”时，大多数家长都会体谅。

还有，由于有了这些积极敢言的家长，教师多了很多“耳目”。试想，你是否需要几位天天生活在学校所在的社区，对各种大事小事了如指掌，又愿意劳心费神到校或致电向你报告情况的“义务侦探”呢？当你能及时了解到昨天是哪几个男生打游戏打到了半夜，那个最近上课总是心不在焉的学生家里出了什么事等信息时，你还会很感谢这些家长，并利用这些信息去帮助学生健康成长。

五、怎样和“问题型”家长沟通

出于各种原因，教师有时会碰上一些本身有这样那样问题的家长。例如，有的家长不务正业，整天或沉溺于“方城大战”，或徜徉于歌厅酒吧，出言粗鲁，甚至有失足记录。我们暂且把他们称为“问题型”家长。

和此类家长沟通时，教师应特别注意如下几点。

1. 坚信“虎毒不食子”

这类家长虽然自身有问题，但他们中的绝大多数都不希望自己的孩子重蹈覆辙。因此，当他们的孩子犯错需要和家长沟通时，只要教师不惧怕家长，在尊重家长的前提下以理服人，这类家长有时反而更能做到“深明大义”，积极配合教师解决问题。

2. 坚持“一人做事一人当”原则

此类家长可能表面上看起来强势霸道，实际敏感而自卑，这种心理和行为也会影响他们的子女。教师应该经常暗示这类家长：理性地认识自己，只有勇敢地看到自己的不足，协助孩子丢掉家庭的“包袱”，让他们自强不息，才能使孩子有一个美好的未来。

3. 从改变家长的习惯做起

只要教师坚持尊重家长并体谅他们的困难，就不难让他们做出一些具体的承诺，而这些正是此类家庭子女进步的起点。这时，教师的要求要从点滴着手，例如，在孩子面前不说粗话，不在家里抽烟，把孩子不宜看的刊物收好等。

良知未泯的家长总是多数，所以，经常和“问题型”家长打交道的教师时间一长就能体会到，其实和他们沟通并没有想象中那么困难，而且在沟通中还能学到一些书本中学不到的本事。

六、怎样增加与家长和谐沟通的机会

1. 阳光信息

留意学生的各种正面行为并告知家长，使教师和家长联系时不是永远“报忧不报喜”。

2. 贴心话语

除了在学生手册上写期中和期末评语外，如果有必要，可以在家校联系册、作业本和试卷上写上几句贴心的话语。

如果不担任班主任的任课教师也能这样做，家长会感谢学校和教师对自己孩子的关心和帮助，这样，教师和家长的沟通就会更加顺利，对孩子的成长也更为有利。

3. 新奇开学夜

曾有学校把新一学年开学典礼放到晚上进行并邀请家长参加，班主任及各科教师都与家长直接沟通，相互承诺。热烈的气氛加上精彩的演出、丰富的活动，教师、家长、学生融为一体，为新一年的合作打下了良好的基础。

4. 家长学校

邀请教育专家到家长学校讲课，课后教师、家长共同探讨教子经，效果一定不错。

5. 家长联谊会和家长小报

上海一所学校建立了家长联谊会，请家长中热情又有组织能力的人担任会长。家长联谊会还与校方共办《家长小报》，通报学校的教育教学状况，交流教子心得等，深受家长欢迎。

6. 邀请家长参加学校活动

可以邀请家长参加春游、秋游、联欢晚会等活动，这样做既创造了学校与家庭、家庭与家庭、家庭内部的互动和沟通机会，又让家长分担了学生的安全问题，还满足了孩子的亲情及游览需要，可谓一举多得。

人与人之间的误解大多因为缺少沟通或是无效沟通。随着互联网的发展，面对面沟通越来越少，教师要警惕单纯依赖线上沟通带来的问题，在必要的时候和家长进行面对面的沟通，共同促进学生的健康成长。

◎练习

1. 作为班主任，需要告知家长学生的期末考试成绩时，你会选择什么样的方式，为什么？（提示：想一想公布成绩和公布其他事宜有何不同。）

2. 班里有五名学生最近学习状态不佳，而且有一些共性问题，你想通过网络和他们的家长进行沟通，你会选择什么方式？为什么？

3. 晚上 11 点，有学生家长给你发微信，要求你现在打电话给这个学生督促他早点睡觉，你会怎么做？

4. 策划一次特色鲜明的家长会。

5. 分析一下自己班的学生家长有几种类型。

第六章　三尺讲台有“心机”

——日常教学中的师生沟通秘籍

小小的课堂实际上是一个小社会，也是教书育人的“主战场”。如果没有疫情，线下课堂教育还是教育的主要形式，绝大多数师生沟通还是发生在常规的课堂教学过程中。

这些年来，随着教师地位的提高、收入的增加，在深圳等一线城市出现了高薪聘请北大、清华等名校硕士、博士担任中学教师的现象。学历越高，教育的效果就越好吗？教育学的一些研究表明，绝大多数教学效果不好的教师首先不是由于专业知识不足、学历不够，而是由于不善于和学生沟通。

所以，在有了学历的基础上，要做好教师这个工作，需要提升和人沟通的能力。教师在课堂上如果不能和学生进行有效沟通，他的学问再好也无用武之地，更谈不上教育教学目的的实现了。

其实，许多教师也想和学生进行有效沟通，但没有这方面的系统思考。即使积累了一些实际经验，也无暇或无法总结提升。

所以，本章会从三个方面来阐述和分享线下教学中的师生沟通秘籍：

（1）课堂教学中的八项注意；

（2）课堂纪律管理理论的几大流派；

（3）师生文字沟通的秘籍。

“运用之妙，存乎一心”，如果你是个有心人，你就会发现，做一些小小的改变，师生沟通的效果就会明显提升。

第一节　课堂教学中的八项注意

一、环境其实会说话

最近与几位中小学老师讨论课堂上什么东西最能吸引学生的注意力，有位老师告诉我，她发现上课时学生最经常张望的地方是教室最前排那张桌子。为什么呢？原来上面放的是老师上课之前收缴的学生手机！但是，那些手机为什么就放在那里了呢？换个地方就不一样啊！

心理学研究发现，人的心理在一定程度上受到环境的制约和影响。所以，营造良好的课堂环境十分重要。有时，人们会不自觉地违背这个原则。

例如，许多教师，特别是班主任喜欢经常布置教室，尤其是在领导检查或同行观摩时更要大动干戈。这有益于学生的听讲吗？

一位教师上完课给全班学生出过一个谜语：我发现今天教室里有样东西，下课时没有一个学生看，但上课时他们却看得非常仔细。大家对着教室左看右看、上看下看、前看后看，悟出了谜底，都若有所思地笑了起来。原来，教师指的黑板旁边墙壁上挂着的一张疫情期间怎样洗手的步骤图。

上述案例是对心理学中注意原理的绝佳注解，说明环境对人的注意力影响很明显。教室外的环境归学校管，教师也许不能完全控制，但教室内的环境教师还是能调节的。所以，为了使教室里形成良好的教学环境和沟通氛围，教室前面的装饰物，包括宣传画、名人语录、墙报、学生评比表、玻璃橱柜（里面还可能陈列着一些吸引学生眼球的物品）等，即使不能撤掉，也应该放置在教室的后半部分。因为这些东西会分散学生上课时的注意力，影响师生沟通的效果。

在教育发达的国家，教室大都铺设地毯，桌椅呈马蹄形或圆形、半圆形、扇形分布，旨在给师生沟通创造理想的环境。相比之下，在我国，许多教室使用的还是水泥地，桌椅摆放成固定的排排坐的形式。其实，我们并不缺钱，看看学校里那么多高楼大厦就知道了。但是，我们缺的是某些教育理念，特别是要把钱花在教学一线设施改进上的理念。

只要有可能，教室里的环境布置、温度与湿度、灯光的亮度和色彩、课桌椅的颜色和高度及排列方式等都应该尽量设置或调整到最佳状态，让教室里充满温馨与和谐的气氛，师生沟通就能收到事半功倍的效果。

二、去掉烦人的“口头禅”

有些教师在讲话时经常夹杂着许多口头禅，如“这个，那个……”“就是说……”“啊……”等。学生听起来会感到十分心烦，甚至还会有人帮你义务“记数”，数一数在一节课里你一共说了多少句口头禅。即使是外语教师，也得注意不要沾上一些“洋口头禅”。千万别让学生送你一个“OK 老师”或“SO SO 老师”的雅号，然后认为你的教书育人水准也“JUST SO SO”。

有调查发现，在师生沟通的各种语言障碍中，教师的口头禅属于

“最烦人的语言”。教师要使自己语言流利，基本上没有口头禅，甚至听上去达到了出口成章的程度，首先就要非常熟悉自己教学内容。记得小时候学习小提琴，碰到一位大师来少年宫辅导，我就问他成功的秘诀。大师说：“不管你有多好的天赋，每天有几个小时的练琴时间是必不可少的。世界上有很多职业，靠什么成功？极其熟练！”一位敬业的老师一定是做好了充分的准备才会走上讲台的。

从演讲技巧来看，教师有意识地、熟练地使用一些连接词也十分重要。笔者当年训练自己表达能力的方法是：把讲授的内容用“首先……接着……然后……最后”“不但……而且……”“一方面……另一方面……”等连接词预先串接起来，做一个简短的内心预演，再加上适度的停顿和节奏处理，表达效果就会大大提升。

当然，把普通话说好是最基本的前提。上课时不听老师讲的内容，而是模仿老师带口音的普通话，往往是很多调皮孩子最喜欢做的事情。

三、“一不小心”的后果

有时教师的一个无意识的动作、一句无意的话语，都可能给学生带来消极暗示，妨碍师生之间的积极交流。

请看一种常见的情形：

离下课还有 15 分钟，教师却不加遮掩地看了看表，对学生说：“同学们，现在我们讲最后一个问题……”课堂上不少学生开始蠢蠢欲动：有人看表，有人东张西望，即使再有笔记要记也写得歪歪扭扭。

教师说的“最后”两个字实际上就是一种“马上要放松啦”的暗示，学生的紧张度减低了，再也无心恋战。所以，哪怕到了下课前一分钟，教师也不要给学生任何时间快到了的暗示。

又如，一位教师刚走进教室就皱起了眉头，接着又望向窗外（外面不远处是一个正在施工的工地），然后开始埋怨："噪声怎么这么大！你们就一直在这样的环境里上课？"学生听后产生了共鸣，也开始抱怨："是啊！教室的环境这么差，让人怎么学得好？"

师生在上课开始时就有如此心理状态，这节课的效果可想而知。面对教室外的噪音等不可能马上消除的干扰因素，教师绝不能当着学生的面表现出不满、烦躁等消极情绪。聪明的做法是先装聋作哑，然后想各种办法转移学生的注意力，把干扰的影响降到最低程度。

教师一站上讲台，就进入了职业角色，对自己的一举一动、一言一行都必须十分小心，而不能动辄就犯"一不小心"式的错误。

四、突然"暂停"的效果

讲课时，教师不但要做到条理清楚、节奏分明，还要做到生动活泼、抑扬顿挫、声情并茂，其中最关键的特征应该是富有变化。一成不变的语音、语调和语速会使学生昏昏欲睡，他们甚至会觉得是在受折磨。学生只会不断在心里说："天哪，什么时候才会下课！"

如果发现个别学生不注意听课，一般来说，教师不要企图以不断提高声调和音量的办法去"盖住"学生说的话。因为这时你越是喋喋不休，学生越会觉得你这台"播音机器"一切正常，然后放心地继续干自己的"私活"。这时，如果你突然来个停顿，他们的反应是："怎么回事？这台'机器'出毛病啦？"这时，他们反而会开始关注你的讲课。因为心理学的研究表明，变化的刺激才最容易引起人的注意。

一些教师由于习惯用高分贝的音量来讲课，有时还扯着嗓子对学生大喊大叫，若干年后就会伤心地发现：自己原来美妙的男高音或女高音已经变成了“男粗音”或“女沙音”了！仔细听听不少中小学教师，尤其是教语文或长期当班主任的教师的嗓音，就能感受到这一点。因此，有可能的话，教师应该像播音员那样去学一些用嗓技巧，这样，教师在课堂上讲话时就能体会到一种“举重若轻”式的惬意，表现力也会更强。

教师的语言是一门艺术，而一成不变的艺术一定不会有生命力。

五、活用你的体态语

在教师的体态语中，眼神也许最为重要。若你走进教室时，给全班学生一种亲切的、职业性的环视，会让学生增强对你的信任感，使你的课有一个良好的开端。

对上课不认真的学生，教师至少可以使用两种不同的眼神来应对：对那些自觉性差、经常走神的学生，可以使用“威慑性”的眼神盯视一会儿，使他们不敢不认真听课；而对那些平时表现较好，只是偶尔犯错的学生，可以使用“打招呼的眼神”，瞥视一下就马上移开，使他们不好意思不认真听课，并感到“老师只对我有一会儿的坏印象，现在改正还来得及”。当然，这种眼神的效果在一定程度上取决于师生平时的关系如何。

对一些自控能力较差的学生，教师还可以通过一边教学一边在他们座位附近走动甚至站立不动等办法来加以管理。这种方法称为“邻近控制”。如果想不露声色地表扬那些性格内向而敏感度高的学生，一次赞许的瞥视再加上会心的微笑，就可以使他们快乐不已。

当然，运用一些生动的手势语来“姿态传情”，善于用“方位变化”等因素来增进师生沟通的效果，都是教师应该掌握的师生沟通的基本功。

六、一张一弛，文武之道

在课堂教学中，教师是沟通的主动方，应该把握好整堂课的节奏。不少研究证明，课堂上产生的许多沟通问题是由于教师没有把握好教学节奏、安排欠妥造成的。所以，教师对此决不能掉以轻心。

古人云："一张一弛，文武之道。"教学节奏就应该如此。

刚开始上课时，学生的精神最饱满、注意力最集中。因此，稍加复习后，就应该给学生高效率地传授新知识，尤其要着重讲解理论性较强的部分。

等到学生稍感疲劳时，教师可以适当做些调整，如开个小玩笑，或者让学生做几个小练习。但一定要注意，这种调整要能收放自如，不能失控。特别需要指出的是，有些成人觉得不怎么好笑的事情，却会使少男少女们笑疼肚皮笑弯腰，所以教师在选材方面必须十分慎重。

然后，教师可以继续讲解。遇到重点、难点时，教师可以通过提高声调、多次反复等办法来加以强调。当学生的脸上流露出投入的神情和理解的喜悦时，课堂气氛就逐渐进入了佳境。

下课铃声一响，教师有再好的内容也不应该继续讲下去，因为此时学生都已无心上课。此时唯一可以做的事情是布置作业。教师千万不能养成拖堂的习惯。拖堂是教师的大忌，老是拖堂的教师，学生一定不喜欢。

当然，以上所谈的都是调控课堂节奏的一般规律，具体实施时要视实际情况而有所变通。但不管怎么变，张弛有道都是课堂沟通得以顺利进行的基本保证。

七、课堂上的“急中生智”

课堂上有时会发生一些突发事件，能否妥善处理好这些突发事件，是对教师人际沟通基本功的考验，也是教师教育机智的具体体现。

请看一个真实的例子：

上课时教师刚把一块小黑板挂上，一转身，小黑板“哐啷”一声掉了下来。教师只好把它重新挂上，但一松手，小黑板又摇摇欲坠。教师只能用一种奇怪的姿势硬托住黑板，等它稳定下来后，再想办法慢慢挂上。这时，教室里已是笑声一片。

想想看，如果你是这位教师，当时会有什么样的反应？你会不会感到窘迫或者恼怒，甚至当面训斥学生？

这位教师是这样做的：当她确认小黑板已经挂稳了以后，先转过身来回到讲台前，定了定神，然后环视了一圈，等教室里安静一点后，问了一个问题：

“同学们，刚才我们讲到什么地方了？”

这个问题问得非常好！之前的教室气氛就好像一列火车脱了轨，经过这巧妙的一问，又让它“拨乱反正”、重上正轨了。从心理学角度来解释，这就是把学生的无意注意又引导到有意注意的轨道上了。

虽然这个例子发生在若干年以前，但从中我们仍然可以得到启发：教师在遇到突发事件时，首先必须冷静，快速地审时度势后，再做出一个尽量正面的反应，最忌讳的是不假思索地做出不适当的反应。

八、克服教师常见的心理障碍

师生之间能否进行良好的沟通取决于多种条件，其中最重要就是师生双方心理是否健康。只要沟通的一方存在一定的心理障碍，沟通就难以顺利进行。

作为在沟通中掌握主动权一方，教师的心理健康问题尤其重要。过去关于教育心理的许多研究一般只注重学生的心理健康，而忽视了教师的心理健康问题，这在某种程度上可以说是本末倒置，因为只有心理健康的教师才能培养出心理健康的学生。

心理学家发现，师生沟通中教师常见的心理障碍主要有以下几种。

1. 唠叨

教育心理学家林格伦等曾在一部著作中指出：许多教师都患有一种可以称为“唠叨”的心理疾病，而且，越是资深的教师越感觉不到这种病症。

“唠叨”病的主要症状是话特别多、啰啰唆唆，并且经常不分场合、事无巨细地指责学生，还认为自己是“诲人不倦”。

请看如下典型的例子：

一日之计在于晨。晨会课上，学生们都精神焕发，准备迎接新一天学习生活的挑战。可是，班主任却开始了今天的第一场唠叨：“小刚啊，你的记性可真好！昨天忘记带算盘，今天又没带来！看来要找个医生来诊断一下，看你是否真的患有健忘症！”“看你们叽叽喳喳的，今天好像很开心啊？昨天你们的外语考得怎么样？你们难道都不懂什么叫作羞耻吗？今天放学统统给我留下来补课！”于是，学生原有的好心情被一扫而光，大家都开始觉得“今天比较烦，比较烦！”

“唠叨”病的根源在于教师本身对师生关系的错误定位。由于传统教育中教师与学生处于不平等的地位，伴随着教学年限的增加，教师一般会越来越习惯于维持自己的权威地位，越来越不在乎学生的心理感受，因为不管教师说什么，学生都必须听。长此以往，一些教师就形成了这种自己感觉不到的坏习惯。

“唠叨”病的主要危害是让学生对教师产生越来越严重的厌烦感，一有机会就想从教师身边消失，教师即使有再好的沟通愿望也无法实现。

所以，一旦发现自己有“唠叨”病的症状出现，教师首先必须反省自己的师生观是否正确。其次，教师应该考虑自己讲话的时间、地点、对象和场合是否恰当，检查自己讲话的数量与质量之间的“效率比”。否则，还真可能患上令人讨厌的“唠叨”病，并且逐渐演变成久治不愈的“慢性病”。

2. 强迫癖

强迫癖的表现有两种：一种是将自己喜爱的观念或事物强加于人；另一种是将自己不喜欢的观念或事物强加于人。教师的强迫癖一般属于前一种。一些教师常常认为自己的意见是最好的意见，把自己的喜好强加给学生，把学生视为灌输自己一切价值观的最好对象。

例如，一个高二的学生虽然文理俱佳，但他很喜欢文科，打算在高三时转入文科班读书。这时，酷爱理科的班主任每天都对这个学生进行“策反”，翻来覆去地向这个学生灌输自己的想法：“过去说‘掌握数理化，走遍天下都不怕’，现在看来还是对的嘛。你看，出国的人也是搞理科吃香。所以，我坚决反对你学文科！有句古话说得好，‘不听老人言，吃亏在眼前’，以后你一定会明白我是真正地为你好。”也许，一个未来的文科人才就此被扼杀在摇篮中。

又如，一位教师从小就学习弹钢琴，非常醉心于古典音乐，他希望他的学生也能跟自己一样。可是，现在大多数学生喜欢流行音乐。于是，这位教师就经常对学生说古典音乐如何优美、流行音乐如何庸俗，甚至在家长会上，他也要求家长们在家里尽量不让学生听流行音乐。这位教师的做法让学生非常反感，有一次，他的一番话还差点引起“公愤”：他在大大赞扬了世界三大男高音后，还顺带讥讽了几个流行歌手，而这几个流行歌手恰恰是这些少男少女们心中的偶像。

与有强迫癖的教师交往，学生不但不会有愉悦的感觉，而且会有被剥夺了自由和自主权的感觉。所以，学生碰到这样的教师，只会产生“躲着走”的念头。

造成强迫癖的主要原因是以己度人，以及有些自恋、自大的性格。所以，教师应该经常对自己的自我意识做一些反省。要克服强迫癖，必须要真正了解与尊重他人的情感和需要。“己所不欲，勿施于人”，教师经常做换位思考是一种较为有效的方法。

当然，不断接受各种新思想、新理念，不断完善和塑造自己良好的性格才是克服这种心理障碍的根本途径。

3. 角色固着

人们在社会生活中扮演着许多角色，一位教师就可能要扮演教师、妻子、女儿、儿媳、领导、职工、乘客等多种不同的角色。

如果一个人不顾环境、场合等因素固守一种角色，就是角色固着。角色固着是人际沟通中较为严重的障碍。

一些研究指出，对学生来说，教师的角色是多种多样的。有人罗列了教师的10种不同角色：①社会的表征；②行为的示范者；③知识的来源和学习助手；④学生行为的裁判和调解员；⑤团体领袖；⑥自信的支持者；⑦代理家长；⑧不良行为的侦探；⑨保姆；⑩泄愤的目标或替罪羊。

当教师扮演的角色十分适宜时，师生沟通就会比较顺利。如果教师固着于某种角色不善转换，师生沟通的效果就会受到影响。

例如，在迎接新年的联欢会上，学生们唱的唱，跳的跳，都兴奋异常。这时，学生的胆子也比平常大了很多，他们把一贯不苟言笑的校长也硬拉上了台。这位校长接过话筒，勉强唱了一首歌后，又恢复了平时的角色，用四平八稳的声调开始做起了报告：“同学们，今天大家都玩得很高兴，我也很高兴。可是，我们千万不能忘记今年我们面临的严峻形势。对我校在区里‘争三保四’的艰巨任务，大家一定要在思想上引起重视，不能掉以轻心。大家要努力学习，养成良好的学习习惯……”于是，大家的行为开始拘谨起来，气氛也逐步降温，整个联欢会再也无法恢复到原来的欢乐气氛中去了。学生们都在心里说：“这个校长可真不识时务，让人扫兴。”

要克服角色固着的心理障碍，就要学会调节角色行为，即根据身份、场景的变化而改变自己的举止。

调节角色行为在一般情况下是不难做到的，因为我们大脑里都有一套警戒调节系统，它会根据情况随时调节人的行为。但如果在非常熟悉的人面前，这套警戒调节系统就会“渎职”，甚至在对方对你有所暗示时还不能察觉。教师在他们的学生面前就经常会犯这类错误。

因此，教师要克服角色固着的心理障碍，关键是要在司空见惯的场景中保持清醒的自我意识，经常告诫自己要“审时度势”，让自己成为一个沟通好手。

如果能通过一些实用性强的培训课程对师范生和青年教师进行系统培训，教师在课堂上的沟通能力很快就会提高。笔者曾经在应用心理学研究生的“团体心理训练”课程上，用团体心理游戏的方式做过这样的尝试，效果很好。

第二节　课堂纪律管理理论的几大流派

无秩序的课堂纪律是造成教师挫折感和职业倦怠的重要原因。据统计，哪怕是在一线城市，在一些生源较差的中小学，教师讲课时50%以上的注意力要用来维持课堂纪律；即使在较好的学校，教师也要用不低于30%的注意力来维持课堂纪律。另据调查，教师厌教的主要原因是在维持课堂纪律的过程中投入了大量的消极性情感，形成了非常沮丧的职业体验，长此以往，慢慢磨灭了教师对教育职业的热情。

无论是新教师还是老教师，在课堂教学中都需要时时面对课堂纪律问题。对很多年轻教师来说，搞定了课堂纪律问题，教师生涯就会比较稳定了。

这里给大家介绍几个国外的课堂纪律管理理论及其应用技巧。①

一、目标导向理论

1. 什么是目标导向理论

课堂上经常会出现这样的情景：某学生上课时捣乱，你十分气恼，就罚他站在讲台前面，这个学生却表现出满不在乎的样子，还对

① 金树人. 教室里的春天：谈教室管理的科学与艺术 [M]. 台北：张老师出版社，1989.

着全班学生扮鬼脸，引得大家哈哈大笑，你更加气愤了，于是，一场更加激烈的冲突爆发了……

其实，按照美国心理学家鲁道夫·德瑞克斯目标导向理论的分析，这时的你已经中了学生的“奸计”！

目标导向理论的要点是：

①学生需要被认可、被尊重，他们所有的行为都反映出想要被接纳、被重视的迫切愿望。

②学生有时做出某些行为是因为他们错误地认为只有这样做才能得到肯定，即有错误目标。

③学生如果感到自己未被认可，他们的行为就会转向错误目标。

④教师应该能够确认学生的错误目标，并避免给予增强。

⑤教师管理的重点是教会学生自我约束。

2. 学生的四种错误目标

（1）获得注意

当学生发现自己无法得到所需要的认可时，他们会转而以不良行为来获得注意。他们也许会捣乱，要求特别的好处，要求教师帮助他们做作业，拒绝听课，或问些不相干的问题等。有些好学生也可能特别想要引起教师的注意，只要得到教师的注意，他们就会表现得很好；如果忽略了这种“获得注意”的需要，他们也可能转向以较不被接纳的方式来引起注意。

如果获得注意的行为没有使学生得到认可，他们将会转向下一个错误目标——寻求权力。

（2）寻求权力

寻求权力的学生觉得要想获得他们想要的东西，唯一的方法就是对抗成人。他们的典型想法是：如果你不让我做我想做的事，你就是不承认我！这种对权力的需求通过争辩、反驳、说谎、发脾气、攻击等方式表现出来。如果这些学生能使教师迎战，他们就感到已经赢了，因为他在乎的是让教师卷入“权力斗争”，至于自己实际能否得到权力反而不重要了。如果他们在权力斗争中输了，就会转变到更严重的不良行为——寻求报复。

（3）寻求报复

由于前两种目标没有达到，学生的想法就变成：只要我有力量去伤害别人，我就会变得重要。实际上，他们是通过伤害别人来补偿自己受伤的心灵。由于在心理上已经准备受罚，他们显得残忍凶狠。他们惹的麻烦看上去越大，自己越觉得光荣，并认为越被讨厌胜利就越大。

其实，在虚张声势的勇气之下学生自己也有一种挫败感，他们渐渐感到自己毫无价值，这些感觉会使他们退缩到下一个错误目标——表现无能。

（4）表现无能

此阶段学生会觉得自己是无能的，并认为自己是完全的失败者，没有必要再去做新的尝试。他们会退出任何会增加失败感的情境，以保持残存的一些自尊心。他们的想法是：只要别人相信我是无能的，就再不会来管我了！有这种目标的学生会“装聋作哑”，对教室里的各种活动毫无兴趣，甚至拒绝参加。他们不喜欢与其他人有任何互动，教师和其他学生很难使他们有迅速的转变。

以上的错误目标都基于一个想法：它们是使自己显得重要的一种手段。通常学生一次只追求一个错误目标，但他们会不时改变目标。

3. 教师的应对策略

（1）怎样感受学生的错误目标

教师可以通过以下两个途径来感受学生的错误目标。

①教师根据自己对学生不良行为的反应来感受学生的错误目标（见下表）。

教师本人的感觉	学生的错误目标
感到烦恼	获得注意
受到威胁	寻求权力
受到伤害	寻求报复
学生无积极反应	表现无能

②教师根据观察学生对纠正其行为的反应来感受学生的错误目标（见下表）。

学生的行为	学生的错误目标
停止不良行为后又重复	获得注意
拒绝停止或增加不良行为	寻求权力
变得凶狠或敌视	寻求报复
拒绝合作、参与或互动	表现无能

（2）怎样确认学生的错误目标

教师可以通过提一些友善的、不带胁迫感的问题来确认学生的错误目标。例如：你是不是想要我注意你呢？你是不是想要证明没有人能够指使你？你是不是想要伤害我或其他人？你是不是想要我相信你不想做也不能做我交代过的事情？提这样的问题可以引发师生之间的沟通，使学生不能获得激怒教师引起的乐趣，问题行为也许就此消失，老师再次掌握沟通中的主动权。

（3）怎样应对学生的错误目标

当教师一旦确认了学生的错误目标，就可以采取行动纠正学生的动机，引发学生的建设性行为。鲁道夫·德瑞克斯建议教师针对学生不同的错误目标采用不同的应对策略。

①针对学生获得注意的错误目标可采取以下应对策略。

a. 当发现有学生正在追求“获得注意”的错误目标时，故意忽视，拒绝给予注意或帮助。教师如果坚定地忽略学生要求过度注意的欲望，也许就会迫使学生改变行为，寻找获得肯定的新方法。

b. 当学生有些行为已打搅上课时，教师可不动声色地客观描述一下他们的行为，例如，“我看见你在东张西望”“我发现你没有认真做作业”。

c. 针对学生的目标当面质询也有一定效果。例如，问学生：“你想要我在下一个小时里注意你多少次？15次够吗？”然后，学生行为一有偏差就提醒他：××，第一次，第二次……。

采取以上两种策略时，要使学生感到：虽然他们得到了所需的注意，教师也没有公然责骂和批评他们，但教师只是在观察他们，并不意味着容忍他们。

d. 在学生没有要求注意时给予注意（特别是当他们表现出良好行为时）。

e. 平时要鼓励学生以积极的行为来获得注意，激发学生的内在动机，让学生懂得学习的自我满足功能是最重要的。

②针对学生寻求权力的错误目标可采取以下应对策略。

这里的关键是教师观念的转变。大多数教师，特别是“师道尊严”观念较强的教师，一遇到学生对教师权力的挑战，第一反应就是受到威胁，于是会坚决抵抗。殊不知教师的抵抗和获得胜利只会使学生变得更加充满敌意，他们会加剧反抗，并企图寻求报复。所以，面对学生教师可以采取以下一些应对策略。

a. 不主动扮演权威人物，也不卷入权力斗争，表现出虽不对学生让步，也不想和学生争斗的态度。

b. 让违规学生了解与教师发生冲突可能引起与全班同学的冲突。如向全班宣布：我已知道有人需要权力，是否该让全班停止活动，等待你停止捣乱活动?

c. 想办法让学生的行为向好的方向转变。如教师可把学生拉到一旁说：“体育课上你说的话非常没有运动员风度，别人都很尊重你，你认为你能做个好榜样吗？”

d. 暗示他们已经拥有了权力，如让违规学生提出改进意见。如果学生说不出，教师就可以提出一些建议供大家选用。

教师应该懂得，避免让自己做一个权威人物，反而会减弱学生的气焰。因为退出争斗的教师会使学生寻求权力的行为无疾而终。

③针对学生寻求报复的错误目标可采取以下应对策略。

与寻求报复的学生沟通似乎比较困难。这些学生已经伤害了自己，所以觉得伤害别人也是理所当然的。但无论怎样，学生此时最需要的还是了解和接纳。应对这样的学生较好的方法是：

a. 选出一位大家都认可的学生去和寻求报复者建立友谊，并协助他发展建设性行为。

b. 创造情境，使想报复的学生有机会展现才华和长处，使他们懂得，只要有良好的表现，就有机会获得同学的接纳并确立在班级中的地位。

c. 暗示捣蛋者：他若再继续下去会让所有人都讨厌。

d. 说服全班同学，让大家一起来帮助和引导这名学生。

④针对学生表现无能的错误目标可采取以下应对策略。

由于这类学生已不是公然的捣蛋者，教师往往想放弃他们。实际上，他们是经过了各种失败后觉得自己已无药可救，产生了“装聋作哑”的消极想法。再发展下去，就会对学生的个性发展造成长期的不良影响。

因此，教师应该更加重视这部分学生。德瑞克斯认为，帮助这类学生最重要的前提是了解他思想中存在哪些问题。根据他的研究，这类学生思想中的问题主要有：野心太大——不能成为最好的，就不再做任何努力；竞争心太强——觉得无法和别人做得一样好，就想从所有要比较的情境中退出；压力过大，觉得无法达成他人的期望，从而拒绝任何努力等。

要改变这类学生需要做长期、细致的工作，但教师绝不应该放弃这些学生。最重要的是，他们即使付出了最微小的努力，教师也应该敏锐地注意到，并给予鼓励和支持。但要注意，鼓励和支持的是他们的努力，而非成就。

相反，教师对这类学生任何挫败的指责都会增强他们的无价值感和表现无能的欲望。“一个小失败并不意味着永远的失败”，教师一定要让学生认清这个事实。

目标导向理论分析了有纪律问题的学生的深层心理，指出了他们的错误目标，并给出了相应对策。现在，如果你在课堂上遇到一些捣蛋鬼“发难”，不会再感到无从着手了吧？

但是，由于这种理论过于注重个人心理分析，忽视各种社会心理因素，用起来可能会让人感觉琐碎、没有全局感，容易出现“只见树木不见森林”的问题，需要教师在运用该理论时多加注意。

二、和谐沟通理论

“教师中心论”与“学生中心论”是教育学理论中长期争论不休的一个焦点。同样，我们在研究师生沟通问题时，视角和着重点也有这两个方面的不同。这里，我们介绍一种以教师的以身作则为主要出发点的课堂管理沟通理论——和谐沟通理论。

和谐沟通理论的代表人物是美国心理学家吉诺特。在《师生之间》一书中，他从人本主义心理学出发，提出了许多关于师生沟通的观念和技巧。

吉诺特的和谐沟通理论的核心是：

①教师最好的沟通方式是和谐沟通——使学生自己的感觉与情境相协调的沟通；

②教师首先应该以身作则，做出和谐沟通的示范；

③课堂管理沟通是一小步一小步地建立、巩固课堂常规的过程；

④和谐沟通须通过理性信息、邀请合作、正确表达等来实现。

1. 和谐沟通理论的主要内容

（1）以身作则

在教室里，教师是具有决定权的权威角色。他们可能教化学生，也可能误人子弟，这取决于他们是否能营造良好的学习氛围。而良好的学习氛围首先取决于教师本身对学生是否具有发自内心的尊重，能否与他们进行和谐、真诚的沟通。

如果教师从内心深处认同和谐沟通的原则，他们面对学生就会自然而然地流露出亲切和真诚，流露出乐于助人和接纳的态度，同时十分关注自己发出的信息是否会伤害学生的自尊心。

教师内心的信条应该是：我自己如何对待学生，他们也会用同样的方式对待我和其他人。所以，和谐沟通理论相信：如果教师一贯待人有礼、乐于助人、尊重人，用冷静和建设性的方式处理问题，学生就会潜移默化地向同样的方向发展。反之，学生也会亦步亦趋，不学好样。

（2）理性信息

理性信息是指针对情境而非学生人品的信息，即一般说的“对事不对人”原则。

根据这条原则，当学生惹了麻烦时，教师应只针对情境描述有关的事情，不要随便评判学生的人品和人格，然后让学生就客观情境判断对错，说出自己的感觉，最后做出理性的反应。

吉诺特认为，人类理智的行为有赖于相信自己对现实环境的知觉能力。如果成人经常责备、贬低、说教、恐吓学生，久而久之，会使他们渐渐否定自己的感觉，并依赖别人来判断他们的价值。

例如，两个学生在本该安静时讲话，破坏了教室的纪律。理性的表达是：现在是大家的自修时间，需要绝对的安静。不理性的表达是：你们两个太过分了，根本不考虑别人在做什么！

（3）邀请合作

教师在与学生沟通时，应该表现出邀请他们合作的主动姿态。邀请合作的主要方法是：在开始活动前，先与学生一起讨论，决定活动所需的行为；如果在活动中出现了一些问题和分歧，可以引导学生自己讨论应该怎么做，例如，告诉学生，“现在你们有些人想继续观看这个视频的续集，有些人想做今天的数学题，具体做什么，可以由你们讨论决定”；如果学生还不能决定，教师可以提出若干种方案，再让学生自己决定采取哪种方案。

教师用这样的办法可以减轻学生的依赖感，让学生觉得他们自己可以控制教室里的事情，可以选择解决问题的方式。如果教师经常邀请学生合作，渐渐地，他们就不再依赖教师的指导，越来越生活在自己所设定的行为标准之中。所以，教师应该把邀请学生合作的心态渗透到自己平时的一举一动、一言一行之中。

请看一个课堂上常见的情形：“把语文书收起来，放到桌斗里。把你们的数学课本和作业本拿出来，再拿出一支铅笔，翻到课本第 65 页，我们开始做习题。今天我们要做的习题是……”

这些话已经大大低估了学生的理解力和主动精神，这时只要代之以下面的表述就可以：“现在是数学课，今天要讲的内容在第 65 页……”

经常用这样的语言才能激发学生的合作意向和责任感。

（4）注意表达

吉诺特在改进教师的表达方式方面有许多有价值的论述，其中有关表达愤怒、赞美等的建议对教师最富启迪。

①学会表达愤怒。

教学是一项艰巨的工作，疲劳、挫折、冲突等难免会导致教师发怒。和许多心理学家、教育学家的观点不同，和谐沟通理论认为教师应该表达出他们的愤怒。因为教师不应该被看作圣人，也不应该否认自己的和学生的情感。教师的行为应该是真实而自然的，但是教师必须学会如何表达反感甚至愤怒，同时不伤害学生的人格特质。具体做法如下。

首先，教师在表达自己的愤怒时，应先扪心自问：“我生气的方式是不是和学生期待我表达的方式一样？”“我是否在班上为我所期待出现的行为做了示范？”

其次，要用“我向信息”的语言。例如，要说“我很生气”“我很失望”，而不能老是说“你真是不可救药”“你们只顾自己，根本不顾别人”。

最后，要加强语言的力度。教师表达愤怒时，学生的注意力会全部集中在教师身上。借此机会，教师可以充分发挥自己语言的穿透力。

例如，对学生说：“我很惊讶，也很愤怒，又感到懊恼。因为我看到了不可原谅和无法接受的行为。我希望你立即停止！”配合适当的手势和斩钉截铁的语调，教师的语言会给学生留下深刻的印象。但要注意不能频繁地使用这种方式，否则也会失效。

②慎使用赞美。

赞美虽然很有价值，但使用不当也会对学生造成伤害。和谐沟通理论特别忠告教师谨慎使用评判式赞美——评判学生人格特质的赞美。表达赞美时，教师应该把重点放在学生的行为上，而不是学生的人格上。例如，不要老说“你很了不起！”“你真是个好孩子！”这样的话。

教师应该试着一方面不用言语评判学生的行为，另一方面又能表达出对该行为的赞许。教师可以从学生的努力程度或自己的感受等角度来表达。例如，“很高兴你们能安静地自修”“今天能与你们一起画画，我感觉非常好”。

③不讥讽学生，不给学生“贴标签”。

许多成人视讥讽为能事，教师有时也喜欢使用讥讽以显示自己的聪明。

许多研究表明，对教师的讥讽，学生的主要感觉就是受辱。哪怕是一些年龄较小的学生，即使没有完全听懂教师讥讽的内容，他们仍然会感觉受到了取笑或贬抑。因此，教师应该杜绝所有的讥讽言语。

给学生贴标签也是教师常犯的错误。常见的说法有：“你太懒惰，又不肯负责任，将来一定一事无成”“你这种人本身就不聪明，还不肯努力，哪里是考大学的料！”等。

这类话语的实质是教学生如何认识自己。如果学生经常被人这样说，他们就会相信这是真的。长此以往，他们的表现会越来越符合这种负面的形象。教师应该以协助和鼓励来代替“贴标签”。例如，可以对学生说：“你的分数是低了一些，但我们一起努力，就一定会进步”“你想考艺术类学校吗？拼搏一下肯定行！学校资料室里有不少历年的考试资料，你参考一下，好好准备吧”。

2. 教师的十二大正确言行和十大错误言行

和谐沟通理论非常重视教师以身作则的作用，要求教师平时不断反省、改进自己的言行，并通过对学生的常规训练，“积小胜为大胜”。因此，这种理论对于教师的言行有许多具体的描述和研究。

（1）教师的十二大正确言行

①以身作则。如前所述，教师希望学生表现出怎样的行为，自己就要先做出榜样。这和我们的古训“学高为师，身正为范”不谋而合。要重视教师的榜样作用，并注意落实到每个细节。

②接纳情感。教师接纳学生会让学生感到：老师即使对他们的某些行为和想法不认同，甚至认为他们必须改变这些行为和想法，但他们在老师眼中仍然是有潜力的。“虽然我有缺点和不足，但是老师仍然喜欢我，仍然接纳我。”例如，教师可以这样与愤怒的学生开始谈话：“我知道你现在很愤怒，因为你放学后要留下来。”

③指出情境。指出情境的前提是相信学生的判断力和自觉性，而不是事事包办或滥加指责。例如，教师可以对学生说："我看见地上全是纸屑，应该把它们扫干净。"

④邀请合作。用尊重学生的口吻提要求，如"让我们安静下来，排好队去看木偶剧"。

⑤简明扼要。如果没有特别的需要，不要动辄就对学生的行为进行"微言大义"式的分析。例如，有学生在教室里扔纸屑，只需说"我们不应该乱扔纸屑"，因为乱扔纸屑的害处学生都懂。

⑥贬抑暴力行为。这是和谐沟通理论的一条重要原则。教师应该经常向学生强调：我们碰到问题应该动口不动手，打人、踢人、抓头发都是非常不好的行为。

⑦乐于助人。教师要让学生觉得自己是一个值得信赖的、热情的、有许多办法帮助别人的人。请看常见的情形：

> 生：小明和小林一起欺负我。
>
> 师：你看起来确实很难过，我该怎样帮助你呢？

⑧给学生面子。即使教师必须对学生施以惩罚，也要给他们留面子。例如，对学生说："你要么坐在座位上安静地写作业，要么只能一个人在教室后面站着。"

⑨灵活要求。教师要根据学生的实际情况提出要求，必要时可以降低要求或改变自己的想法。如下例：

> 生：我不想做这些作业了，这题实在太难了。
>
> 师：你觉得作业太难了吗？我们一起来做几道题怎么样？

⑩ 让学生自定规则。教师需要给学生制定行为规则时，应让学生先自己讨论。例如问学生：“请大家说说，当我们使用颜料时应遵守哪几条规则？”

⑪ 注重解决问题的方法。例如问学生：“我看到操场上有些学生表现得缺乏体育精神，我们应该采取什么办法呢？”

⑫ 不随便与学生争论。教师不要因一点小事就与学生发生冲突。例如，一个学生不礼貌地打断了教师和其他学生的谈话，教师应说：“请稍等下，等我谈完话后会立刻跟你讨论。”

（2）教师的十大错误言行

①不能控制情绪。心理学认为情绪失控是一种幼稚的行为，实际上是人们倒退回了自己的童年时代。所以，教师冲着学生大叫、丢课本、拍桌子、进行语言攻击等不但于事无补，还会大大损害教师本人的形象，恶化师生关系。

②恶言相向。例如对学生说：“你简直像动物！给我弄干净！”这类语言据说还有一定的“时尚流行性”，我当年常听见有些教师对不守纪律的学生喊一声：“你缺钙啊！”

③侮辱人格。例如说学生：“你一无是处，除了懒惰！”又例如，学生在座位上动来动去，教师斥责道：“你抽风啊！”

④粗鲁。教师应该做学生的楷模，决不能带头说不文明的话。但有些教师就经常不注意这一点。例如，教师不分青红皂白地对插嘴的学生大叫：“坐下，给我闭嘴！”

⑤过度反应、小题大做。学生受年龄所限，总会有一些不可避免的小失误发生。教师应该妥善处理，不应该把它们作为随便伤害学生心灵的借口。例如，一个学生不小心把铅笔盒掉到地上，发出了响

声。教师大声斥责："我的天！你怎么连一点小事都做不好！"

⑥表现冷酷。教师只要对学生心存一点爱心，就绝对不会说出冷酷的话来。例如对学生说："你回家时走路小心一点，我发现你的脑子常出问题。"

⑦杀一儆百。这种威胁的话语不光影响师生之间的感情，也反映了教师本身自信不足，甚至心理虚弱。例如说："小军今天上课不认真，所以取消他明天的春游资格。你们是否想跟他一样？"

⑧恐吓。这种语言会使所有学生都感受到教师的冷酷无情。例如说："如果我再听到任何声音，放学后全部给我留下！"

⑨唠唠叨叨。学生一般都不会喜欢说话啰唆的教师。例如，一位教师就一件小事说了一大串话："我注意到有人把纸篓当球篮。真是太聪明了啊！我们都知道，投篮应该到篮球场上去，不知道是谁异想天开，想要在教室里锻炼他的投篮命中率……"

⑩ 咄咄逼人。从教师的这类话语中听不到任何对学生的尊重和理解，所以这样的话绝不会起到任何沟通效果。例如"你在做什么？""你为什么这样做？""难道你不知道错了吗？""立刻道歉！"等。

和谐沟通理论主要从提高教师本身的素质着手，在尊重、理解学生的前提下追求师生之间和谐沟通的理想境界。同时，该理论也比较重视对教师具体沟通技巧的指导。所以，它是一种较为平实、不走极端的理论，似乎也更容易被我们的教师所接受。如果教师把和谐沟通理论的诸多建议融入自己的教学实践，将会使学生的行为得到改善，也会更加乐于从事教师工作。

但是，也有一些教师发现，和谐沟通理论的沟通方法对那些公然反抗、桀骜不驯的学生有时并不适用。所以，任何理论都不是万能的，都有它的局限性，我们应该择其善者而从之。

三、行为塑造理论

1. 行为塑造理论的主要内容

一位教师谈起新行为主义理论时说：“我学过教育心理学，这个理论最简单易懂。它强调的无非就是强化的作用——正强化就是奖赏，负强化就是惩罚。一般教师在课堂管理中都会熟练地使用这两手。”

可能绝大多数教师与这位教师一样，对新行为主义理论的认识还停留在表面，原因之一是我国学者对此理论在课堂管理方面的应用介绍不多。这里我们对建立在新行为主义理论基础上的行为塑造理论做些简单的介绍。

课堂管理的行为塑造理论来源于斯金纳的新行为主义理论。斯金纳是当代最负盛名的心理学家之一，著名的“斯金纳箱实验”是心理学界的经典实验，他的程序学习理论对现代教育技术的发展有很大影响。行为塑造理论实际上就是斯金纳的理论在课堂管理中的应用。

行为塑造理论最主要的观点是，行为由行为本身的结果所塑造，即由行为表现之后个体所发生的情况而定：行为之后如紧接着有强化物，则该行为会被强化；行为之后如紧接着没有强化物，则该行为会被减弱；行为之后如紧接着有处罚，则该行为也会被减弱；在学习的不同时段，连续性的强化和间歇性的强化会有不同的效果。

2. 行为塑造理论的操作原则

行为塑造理论又称教室中的行为改变技术系统，其主要操作原则有以下几条。

（1）制订周密计划

教师要想运用行为改变技术系统，必须事先花时间制订计划，计划的主要内容如下。

①分析“前导事件”。由于教师的目的是想改变学生的某些不良行为，因此，教师首先要分析造成这些不良行为的各种原因，看看有没有可能改变这些行为。

②分析目标行为。具体描述教师希望学生表现出来的新行为。

③确定操作方法。关键是确定使用何种强化手段、在何时使用以及怎样使用等。

④确定后果管理计划。确定如果出现了意料中或意料外的行为后果，应该怎样应对。

（2）使用各类强化物

行为塑造理论把教室里的强化物分为四种，可以根据不同的场合和对象选择使用。

①社会性强化物。口语类：哦！好！非常好！对！谢谢！再加把油！我喜欢这样！你做得很好，能不能和我们大家分享？……体态语类：微微一笑，眨眨眼，点头，眼神接触，握握手，竖起拇指称赞，轻拍肩膀，接近……

②符号性强化物。包括数字（可代表学生在不同活动中取得的积分、成绩等），不同颜色的圆、三角、方块标记，笑脸面具，各种图案的橡皮章等。

③活动性强化物。只要学生喜欢的活动，教师都可以用来做强化物。针对低年级学生，可以让他们当小老师、和教师坐得靠近些、玩玩具、选择唱一首歌、照顾宠物等。针对中年级学生，可以让他们玩游戏、自由阅读、布置教室、参加各种校外活动、进行额外的休息

等。针对高年级学生，可以让他们选择和自己喜欢的人一起学习、参与一项重要工作或免除他们某些作业或考试等。

④实物性强化物。文具类的有笔记本、书籍、各类笔、信纸、书签、修正液等。食物类的有小水果、爆米花、花生、葡萄干、其他小食品等。其他类的有邮票、集邮卡、徽章、代币券、证书、奖状等。

（3）不同时段不同强化

①连续性强化。行为塑造理论认为，在学习新的行为的开始阶段，要用连续性强化，即在期望行为每一次出现时，马上就给予奖赏。

②间歇性强化。当期望行为已经稳固、只需维持时，要使用间歇性强化。即间隔一定时间给予一次奖赏，但奖赏的具体时间不能让学生猜到。也就是说，让学生知道奖赏虽然迟早会来，但必须随时保持这种良好行为才能得到奖赏。

（4）尽量少使用惩罚

行为塑造理论认为惩罚具有很多危险性，很容易让学生养成“强权即公理”的不良心态，所以教师要尽量多用奖赏，少用惩罚。

即使有时必须要用惩罚，教师也应遵循以下原则：

①一定要让学生知道自己为什么错了；

②一定要让学生知道该怎样做才对；

③一定要让学生知道受罚是自己选择了不当行为的逻辑后果。

事实上，行为塑造理论主要是基于奖励的理论。以前有不少学者认为新行为主义理论比较强调惩罚的功能，这是一种误解。

3. 行为塑造理论的主要方法

（1）常规—忽视—奖赏法

教师先和学生共同制定一套教室行为规则。这套规则对学生来说必须非常明确而且容易理解，内容应简短扼要，还可以把它贴在教室后面。

一旦常规建立，教师就要开始注意有哪些学生是遵守规则的。发现有学生确实遵守了规则，就马上给予奖励，而且尽量要使每位学生都不止一次得到奖励。

对于学生的违规行为，教师一般不予注意。也就是说，由于对违规学生有意忽视，他们的行为就无法从教师那里得到强化。反过来，他们也会发现只有那些遵守规则的学生才会得到教师的重视和奖励，这样，他们的行为就会有所改变。

这种方法适用于低年级学生，但不适用于中年级以上的学生。因为稍大一些的学生会嘲笑那些受到老师公开奖赏的学生，说他们是老师的“乖宝宝”“跟屁虫”，使他们因担心不能合群而放弃自己的良好行为。

（2）常规—奖赏—处罚法

这种方法比较适用于高年级学生或者是有行为问题的学生较多的班级。

此方法也是先和学生一起建立常规，而且也强调对学生的奖励，但它并不忽视学生不恰当的行为，增加了一些对学生不当行为的限制以及后果控制的因素。所以，在规则建立时，学生就清楚违规的后果。

教师在使用这种方法时，对遵守规则的学生照样用公开直接的方式进行奖赏。如果全班的表现都很好，就奖励全班。如果有人违反了规则，就由违规者承担全班事先共同约定的、他自己选择的行为后果。

这种方法清楚地约定了期望、奖励和处罚的原则，对学生考虑行为后果、对自己的行为负责等良好习惯的养成有很大帮助。

（3）自我奖励法

行为塑造理论认为，学生也可以学会自己对自己的行为进行强化。例如，一些教师用“图表法”来鼓励学生进行自我管理，自己激励自己。

“图表法”的具体做法如下。

对低年级学生，教师可以把他们在学习上或行为上的表现和变化用图表绘制出来，让他们能形象地看到自己的每一点成绩和进步，从而刺激他们更加奋发向上。

对高年级学生，可以让他们自己绘制自己各种表现的图表，通过这种方式进行自我奖赏。他们一般会注意自己的每一个微小变化，关心自己的进步速度，有时还会把显示自己成长的图表给父母看。

还有些教师用另一种方式：让学生自己决定对自己的奖励和惩罚方式，以对自己的行为负责。例如，认真按时地完成作业后，可以自由阅读、提早下课等；如不能按时完成作业，则罚自己下课不出教室、三天不能看电视等。

由于学生有可能滥用自我奖励这种方式，所以教师必须事先了解学生原有的成绩和行为状况，帮助学生制定可行的标准，然后再由学生选择强化物。在整个过程中教师应给予学生一定的指导。

（4）订立契约法

订立契约被认为是一种较为成功的行为改变技术，对中高年级的学生来说更为适用。

契约中要明白地指出，在多长时间内学生行为要改变到什么样的程度；如果达到目标，会有什么样的奖励；如果达不到目标，会有什么样的惩罚。学生和教师都同意了契约的条款后，双方在契约上签字。有时候父母也加入某一方并签上他们的名字。契约有时还应该留下副本，以备不时之用。

例如，一个小学生和老师签下了这样的契约：如果她每天不忘记上课要带的全部东西，一个礼拜她可以积5分，积满15分后，她可以在老师收集的20支精美的圆珠笔中挑一支最喜欢的。但如果其中有一天她违约，积分就要从头开始。双方对契约的条款都表示满意。

对高年级学生来说，契约上可以多用一些“法律术语”，并盖上双方的印章。这种形式会使学生有郑重其事的感觉，因而有可能使他们更加认真地对待这份契约。

教师和学生订立契约后，一定要认真检查和对待。因为只要流露出一点点开玩笑的意味，这份契约就再也没有约束力了。

许多人对建立在斯金纳的新行为主义理论基础上的行为塑造理论并不熟悉。有人认为，这种理论是否有生命力，关键取决于它能否真正持久地改变人的行为，因为这种理论主要建立在分析人的外显行为上，而对人的内隐行为重视不够。但不管怎样，这一理论中的“合理的内核”还是值得为我所用的。

四、果断纪律理论

一位来自薄弱中学的教师埋怨某些教育专家说：“你们老是说我们教师的教育观念落后，好像多管教学生就是典型的‘老顽固’，弄得我们连学生的纪律都不敢抓了。可你们知道，我们面对的是一群什么样的学生吗？让我们怎么办呢？”

以为在大力提倡“素质教育”“愉快教育”的今天就不能抓学生的行为常规了，这是一种明显的误解。这里介绍一种果断纪律理论，其代表人物是肯特夫妇，他们经营一家以提供果断纪律训练而闻名的公司。他们曾经研究了许多优秀教师的经验，总结出一套课堂管理沟通的“果断纪律理论”，并将它传授给了成千上万的教师和学校行政人员。

果断纪律理论的基本观点是：

①教师必须坚持认为学生要有正当而且负责的行为，学生也必须表现出这些行为，因为这是父母的要求和社会的期望。否则，教育就会瘫痪。

②强调课堂纪律并不是令人难受和不人道的。虽然教师和学生在课堂上各自都享有自己的权利，但这些和维持正常的课堂纪律并不矛盾。教师对课堂秩序的维持和控制，才使每个人都享有合乎人道的自由。

③在师生沟通过程中，教师必须经常进行果断纪律的常规训练。

在果断纪律理论中，最有价值的是有关课堂纪律常规训练的具体做法。下面择要做一些介绍。

1. 破除关于纪律常规的错误观念

果断纪律理论认为，当今社会尊重权威的观念逐渐减退、家长对子女行为的约束力越来越小、独生子女不断增加等原因，造成学生纪律问题日益加重。教师和学校管理人员对此问题存在一些错误观念，也是一个重要原因。

（1）教师存在的主要错误观念

①教师自然应该有能力独自处理纪律问题，无须旁人协助。

②铁的纪律会造成学生心理上的压抑和创伤。

③当学校活动能够适合学生的需要时，就不会有纪律问题。

④学生有些根深蒂固的行为问题已超出教师所能解决的范围。

⑤强调严格的纪律会给人以教师能力太差或属于“传统派”的

感觉。

正是由于这些错误观念，使教师不太愿意面对有问题行为的学生，等到教师不得不有所行动时，情况往往已经变得无法收拾了。

（2）教师应该树立的观念

①纪律常规是维持一个高效率的学习环境的必要条件，但学生并不会自发形成所有的良好行为。

②通过纪律常规训练，可以避免一些令人后悔的事情发生。

③必要时，教师可以从学校管理人员和家长那里得到协助，这是教师的正当权利。所以，教师不应该担心自己孤军作战。

④有了良好的纪律常规后，教师才可能发挥自己最好的特质和能力。

2. 三种不同的教师

在处理学生的纪律问题时，肯特认为有三种不同类型的教师。

（1）优柔寡断型

优柔寡断型教师有如下特点：

①认为凡事应该对学生让步，或认为严格要求学生是不对的。

②对学生并没有建立一个明确的行为标准，即使有也缺乏有效的行动。

③有能力管好学生，只希望自己的善良可以换取学生的顺从。

④用“试试看”的态度要求学生去做自己的事，仅希望他们下次做得好一些。

由于这种教师既不果断也不坚持，到最后只能接受学生的现状。

（2）怒气冲天型

怒气冲天型教师有如下特点：

①易被学生的问题行为所激怒。

②喜欢用嘲弄、威吓、大喊大叫等方式处理学生的问题。

③相信只有铁腕作风才能管得住学生，要不然就会被学生爬到头顶上去。

因此，这种教师往往不能让学生感受到温暖和安全，反而会激怒和伤害学生。

（3）果断反应型

果断反应型教师有如下特点：

①懂得维护师生双方的利益。

②清楚地表达他同意或不同意的行为，并且让学生知道应该怎样去做。

③当学生遵守纪律时会得到正确的回报；当学生选择不当的行为时，马上告诉他们伴随而来的自然后果。

④语言明确，声音坚定，用眼神和手势等配合说话。

例如，两个男生在互相推搡，闹得教师几乎没法上课。不同类型的教师会有不同的处理。

优柔寡断型教师：我的天哪，这已经是第六次了！拜托你们停止好吗？

怒气冲天型教师：你们真是令人恶心！

果断反应型教师：不许打架！等你们冷静下来再说。

又如，课堂上，一个学生多次不举手就随便说话。

优柔寡断型教师：你看，你又不举手就发言了。

怒气冲天型教师：我希望你说话礼貌一点，否则咱们走着瞧！

果断反应型教师：除非你举手我才会叫你，不经允许不准说话。

3. 学会设置限定

（1）规定适当的行为

教师可以用各种方式让学生知道什么是不逾规矩的适当行为。

①提示。经常耳提面命，如“当别人说话时静静地听，不能插嘴”。

②运用我向信息。告诉学生哪些行为影响了自己，如“你们太吵了，我无法继续讲课”。

③提出要求。明确告诉学生该做什么事，如“把作业从最后一排逐个传上来”。教师提出“要求”时必须谨慎，未准备就绪时，勿轻率提出。

④告示。在教室内张贴各种行为规范。

（2）明确说明后果

说明学生无违规行为怎样奖励，学生有违规行为时怎样处罚。

（3）声音和体态语的配合

①声音。声音应该是有效的、中性的、坚定的，不应是自说自话、刺耳、辱骂、恐吓的。

②眼神。眼神要坚定，直视学生，但注意不要强迫学生回视教师。

③手势。如轻轻地把手放在学生肩上，可传达无比真诚的信息。要注意，切勿指着学生的鼻子说话。

④叫出学生的名字。此方法对有些学生特别有效。

（4）使用“破唱片法”

当学生“以身试法”时，往往从自己的角度顺势考虑问题，此时教师要重复强调最初的信息，犹如老式留声机在放破唱片时一直重复放同一段录音一样。例如：

师：小军，教室里是不允许打架的。我不能容忍这件事。记住，下不为例。

生：这不是我的错，是小林先打我的。

师：我知道可能是这样，只是我没看到。问题是你们不应该在教室里面打架。

生：是他先动手打我的。

师：可能是这样，我会留意。但不管怎样，你都不能在教室里打架。

在使用“破唱片法”时要注意：

①仅仅在学生持续做出不适当反应或拒绝对他的行为负责时才使用。

②反复地以“那不是主要的，但……”“我了解，但……”类型的句子开头。

③每回使用最多三次。如果有必要，在第三次之后给予学生适当的惩罚。

4. 建立一套积极、果断的行为结果的处理程序

（1）基本原则

对学生行为后果的处理程序首先必须遵守下列原则：①相互约定，但不恐吓；②预先选择适当的结果；③恩威并施，奖惩并用。

（2）对教室内持续的不良行为的处理程序

教师自己可设计一套切实可行的处理程序，但可以根据不同的时段和活动适当更换程序。例如，国外有的学校对学生的不良行为指定下列处理程序：第一次出现不良行为，姓名写在黑板上，给予警告；第二次出现不良行为，姓名前打钩，停课10分钟；第三次出现不良行为，姓名前第二次打钩，停课15分钟；第四次出现不良行为，姓名前第三次打钩，打电话告诉家长；第五次出现不良行为，姓名前第四次打钩，面见校长。

又如，使用纪律卡：让问题学生随身带一张纪律卡，每个任课老师都在上面做记录，由一天中最后一位老师决定如何处理。

（3）对较为严重的违规行为的处理程序

①果断约见。必要时，应有其他老师或学校管理人员在场。

②加重处罚。如约见无效，学生依然我行我素，甚至反唇相讥，要加重处罚等级。

③订立行为契约。如让学生写悔过书、保证书等。

④通知家长。将学生的违规行为告诉家长。

⑤邀请家长来校听取任课教师和学生的意见。

⑥在校隔离。让学生在单独的教室或办公室做功课，但注意用餐、上洗手间时需他人监护。

⑦常规小组。由三到四位教师和管理人员组成专门的小组，共同管理这位失控的学生。

⑧学校给予行政处分。

（4）对积极行为的褒奖程序

①教师的注意：微笑、友善的眼神、称赞和表扬等。

②积极地向家长反映：哪怕一次简短的电话，也会使学生和家长兴奋万分。

③特别的奖赏：特别的加分、颁发奖状等。

④特别的权力：帮教师批改作业、担任升旗手或护旗手、提前下

课、优先推荐进球队等。

⑤物质的奖赏：低年级学生给贴纸、小食品、宾果卡等；中高年级学生给圆珠笔、笔记本、照相册、奖学金等。

⑥家庭的奖赏：与家长合作，让表现好的学生的“特权”扩大到家里。例如，完成家庭作业后增加看电视的时间，完成额外的读书任务后能吃一顿喜欢的快餐等。

⑦团体的奖励：当全班都有良好表现时，取消一次自修课、组织一次郊游等。

果断纪律理论虽然看起来不是很“新潮”，但得到了许多教师的认可，据说在国外的普及率颇高。教师觉得它的效用在预防性控制、支持性控制和矫正性控制这三方面都有所体现。对于很多正被学生的纪律常规问题所困扰的普通教师来说，这种理论很容易对上他们的“胃口”。但果断纪律理论也是课堂管理沟通理论中争论最多的一种理论，教育专家对它的批评有：过于强硬，太强调惩戒，不重视内在动机的作用等。

第三节　师生文字沟通的秘籍

在美国，一位成年人因公务牺牲，人们在他的贴身口袋里找到了一张纸条，那是他小时候的班主任海伦写给他的评语。葬礼上，昔日的学生告诉他们的老师：“您给我的评语一直压在我的写字台上”“您写的评语放在我的结婚相册里”。显然，教师用心写的评语感动了学生，并在他们的人生道路上发挥着巨大而又恒久的作用。

古人云：“人之相交，贵在交心。”在师生沟通的各种形式中，像写评语等文字沟通形式也许是最有效的师生“交心”的形式。这是因为文字沟通具有许多其他沟通形式所没有的优点。所谓“字里行间见真情”就是文字沟通最大的特点。

过去，我们一般把文字形式的沟通称为书面沟通，但随着微信等现代化交流工具的发展，我们还是用文字沟通的说法来统称一切广义的文字形式的沟通吧。

一、文字沟通的优势

首先，教师是在深思熟虑后才落笔成文，避免了平时即兴反应可能带来的疏漏或不足。其次，师生当面沟通时由于种种原因不便或不能表达的话语在文字中可以淋漓尽致地表达出来。最后，通过书面语言，可以言简意赅地对学生做出入木三分的恰当评价，并明确指出其努力的方向；也可以大气磅礴地对学生进行激励，激起他们的深思和热情；更可以在字里行间流露出你对学生的真情，让师生感情进一步升华。

文字沟通最典型的形式是教师给学生写评语和批改作业，下面就以这两方面为例来说明师生文字沟通的一些心理学道理。

二、评语的三种境界

1. 无效的评语

该生热爱祖国，关心集体，团结同学，热爱劳动，乐于助人，课下认真完成作业，成绩优良。望今后积极参加体育锻炼，提高身体素质，做一个三好学生。

你的政治思想表现和思想觉悟提高了一大步，学习尚好。希望今后继续努力，争取做一个三好学生。

这样的评语不知写了多少年、多少代，学生对这样的评语似乎已经麻木了，家长们也不屑看。这不能怪家长和学生，因为这样的评语不具体、不明确，放在任何人身上都合适，可以说没有任何沟通的效果，没有任何阅读的价值，所以教师应该杜绝这样的评语。

2. 基本合格的评语

上课时能专心听课，积极提出不明白的问题。尊敬师长，团结同学，劳动积极肯干。今后要尽量少请假，做作业要书写工整，还要注意爱护书本。

这样的评语基本上做到了言简意赅、明确具体、容易为学生理解。一些研究证明，学生读了这样的评语后，一般能知道自己的优缺点以及今后努力的方向，所以教师的目的基本能够达到。教师写评语至少应该达到这种境界。

3. 优秀的评语

优秀的评语除了要具有言简意赅、明确具体、容易被学生理解等特点外，还应该同时具有有的放矢、言辞恳切、感情真挚、文笔优美等特点，真正成为教师与学生进行无声交流、指导学生思想的一种有效途径。

所以，优秀的评语不仅评如其人，而且评中寄情、评中显美。教师给每一个学生写评语都应该尽量达到这样的境界。

评语开头可以写“你……”“你是一个……”或“我认为你是一个……”，给家长的信可以用“您的孩子是一个……”等句式。这样的句式无论是学生还是学生家长，读起来都会感到亲切。由于感到亲切，学生会更乐意接受教师在评语中提出的意见，家长也能够心平气和地参与到孩子的教育中。

评语还应反复斟酌，尽可能做到词恳意深、文笔优美，唤起学生的愉悦和热情，表明教师的激励和期待。

小家伙，你的画画得棒极了！教师节时你送给老师的礼物，我至今还挂在书桌前，每次看到它就好像看到了你天真的大眼睛。每天中午，我总是默默地观察你分饭时那不太熟练的动作、那认真的表情和那穿梭于食堂与班级的忙碌的身影，你总是最后一个才吃完饭。一个学期过去了，孩子你辛苦了！老师多希望你在学习时也能像画画一样专心，成绩也像画画一样出色，对待学习也像分饭一样认真，那你远在美国的父母和养育你多年的祖父母该多高兴呀！

这是一位小学教师给她班上一位学生写的评语。字里行间蕴含着教师对学生的浓浓爱心和用心。评语没有一丝说教，完全是以平等谈心的方式成文的，读来亲切感人。

这种谈心式的评语能使师生关系变得缓和，使师生变成相互了解的知己，使学生在愉悦的气氛中接受教育，在宽松和谐的情境中领悟道理，激起其上进心。

细心观察是写好评语的前提。上面的评语以画画和分饭两件事为中心，把学生的特点描绘得生动、具体、准确。

> 你是一个珍惜时间的好学生，老师总是看到你第一个到校，真为你的举动感到高兴。我相信你在其他方面也会勇争第一！

教师平时就要深入到学生中，与学生交心，了解学生的特长与爱好，尤其要善于发现学生身上的“闪光点”，并以此来鼓励他们。有个学生，各方面表现一般，没有突出的优点，也没有扎眼的缺点。但细心的班主任发现，这个学生总是第一个到校，因此老师为他写了上面的评语。

> 你是个聪颖、善良的男孩，能快速完成作业，写得干净，而且准确率高。你的力气好大，常常抢重活、累活干，显示出你小小男子汉的力量。但当你犯小小的错误时，老师一次次深入浅出地给你讲道理，你常会用并不足以说服人的理由为自己辩解。我觉得勇于承认错误才是正确对待自尊的方法。请你不要在纪律上表现得与众不同，而应努力在学习中表现得与众不同，这才是老师最为欣赏的。

这是一个喜欢标新立异的男孩，在接受批评时常常不服，还会用近乎狡辩的话反驳。在此，教师充分肯定了该生的优点，并用婉转的语气提出要求，使学生乐意接受。教师还用了两个“与众不同”帮助学生分清是非，表明教师的态度，从而让学生慢慢地去纠正自己的不良行为。当家长看到这则评语时，也仿佛在读自己孩子“这本书”，情不自禁地说：“到底还是老师了解孩子，一下子就说到点子上了。”

> 你是一个聪明活泼的孩子，你学习欠佳是因为你的自由活动占据了大多数课余时间。老师希望你珍惜时间。你可知道，那次你按时交作业，老师是多么高兴呀！

这是一位教师对班上一名贪玩、作业拖拉、学习成绩差的学生写的评语。

在评语中经常要指出学生的缺点和错误，这本无可厚非，但要忌讽刺挖苦、言辞偏激。教师要做到言辞恳切、尊重为上、诚恳为上。特别注意要艺术地指出学生的不足，委婉地提出批评，语言要亲切，使学生在期望中产生前进的动力。这样委婉地指出缺点，保护了学生的自尊心，使学生更乐于接受教师的真诚建议。

再看给一个后进而又倔强的男孩的评语：

> 你是一个有个性的男孩，坚韧、倔强是你最大的优点。坚持就是胜利！老师希望你充分发扬自己的优点，奋起直追，赶上或超过别人！

给一个沉默寡言、成绩不理想的女孩的评语：

> 你是一个文静、懂事的女孩，虽然你不爱叽叽喳喳，但老师从来没有忽视过你。老师常常看到你在默默无闻地帮助同学做值日，一次次悄悄地为老师整理粉笔盒，或只是静静地聆听别人的诉说。这时，老师的心里就漾起一份宁静的喜悦。这次学校的手

工比赛，你捧回了一个奖杯，全班同学都为你喝彩！老师殷切地希望你能在课堂上也表现得如此精彩。大胆些，再给老师一份惊喜，好吗？

给一个活泼大胆却粗心的女孩的评语：

最欣赏你上课时总是把手举得高高的，即使答错了，在老师的目光下，你还是会把手举起。最爱看舞台上你那活泼、俏丽的身影，一举手一投足韵味天成。现在，老师最想提醒你的是做作业时不要急于下笔，记住“三思而后行”，你的出错率一定会大大降低，你的作业本一定会“旧貌换新颜”。老师期待着！

给一位工作认真但不善于组织的班级劳动委员的评语：

每天第一个到教室的是你。我常见你在为同学们忙碌：安排买饭、早饭后组织20分钟劳动、打扫卫生。你默默无闻，任劳任怨，以自己的模范行动为同学们树立了榜样。老师要说：谢谢你，我们的劳动委员！可我感到，你实在是太辛苦了！能否发动更多的同学一起干呢？能不能在班级里“克隆”出更多像你一样的好孩子呢？我想你一定做得到！

三、巧改作业妙沟通

评语并不是师生文字沟通的全部。在教育实践中，还必须关注平时与学生其他形式的文字沟通。有教育心理学家曾经尝试让教师在批改作业时与学生进行简短的沟通，发现得到了事半功倍的效果。

他们让教师在改完学生作业后，把学生按成绩分成几类，每次都从每类学生中挑选几名，轮流在他们的作业本上写几句基本“程式化”、只是略有不同的评语。

对成绩拔尖的学生：

> 老师非常欣赏你对这门学科的热爱，希望你不但是班级里的佼佼者，还要成为年级甚至区里、市里的尖子。

对成绩中等的学生：

> 让我们一起努力，下一次争取把成绩再提升一个等级。相信你也一定有信心！

对成绩较差的学生：

> 看到这样的作业，我很想知道，是不是老师教得还不够好？你希望老师怎样来帮助你？你的进步才能换来老师真正的快乐！

实施这种办法一段时间后，他们发觉效果很不错。

相比之下，我们的一些教师在学生的部分作业、周记、家长签名本上，往往只留下一个或龙飞凤舞或马马虎虎的“阅”字，失去了和学生及家长沟通、反馈信息的大好机会，实在是令人惋惜！

一位教育家曾说：“教育不能没有感情，没有爱。如同池塘之没有水一样，没有水，就不能称其为池塘；没有感情，没有爱，也就没有教育。”文字沟通时教师应饱含发自肺腑的真挚感情，以温和的笔触使学生感受到教师深切的期望、亲切的鼓励，温暖学生的心田，深入到每位学生的心灵深处，让学生产生强烈的共鸣，从而对学生的进步起到“催化剂”的作用。所以，教师在拿起笔与学生交流时，应掂一掂它的“分量”，让你的深情厚谊徜徉其间，像春天的雨露滋润着这一棵棵小树，让他们茁壮成长！

◎练习

1. 把课堂教学中师生沟通的“八项注意”和自己的教学实践逐项对照，看看还有哪些方面可以改进。

2. 请分析以下案例，试用不同的纪律管理理论设计应对方案。

小王离开座位去削铅笔，故意撞了小军一下，小军不高兴地小声嘀咕，小王高声要他闭嘴。

老师说：“小王，回去坐好。”

小王走来走去，怒气冲冲地说：“我想回去的时候自然会回去！”

如果你是老师，该如何处置？

3. 依据你对课堂纪律管理理论的理解，说说如何根据你的特质建立你个人的课堂纪律管理风格。

4. 在教研组内和同伴互相交流优秀的学生评语。

第七章　批评其实不简单

——批评学生的“五原则”和“六步法”

记得二十多年前，笔者去一个中学办事，在教学大楼里看到了这样一些场景：

一间教室里，教师正让一个上课捣乱的男同学罚站，还叫他在黑板上写下保证书，并签上自己的大名……

旁边教室里，教师正为什么事发火，看样子会让全班同学再留几十分钟……

初二年级的办公室里，一位班主任正在批评一个女生，家长也在旁边"伺候"，还不时插上几句以增强"火力"。这时，英语老师抱着一沓作业本走进来，也加入了数落这个学生的行列。女生再也受不了了，"哇"的一声大哭起来……

由于我们自己小时候也经常被老师集体"留下来"，所以看到这些学生被老师批评的情景，我感觉司空见惯。

但是，几十年以后，我们的青少年学生还能随便批评吗？

一方面，改革开放以来对西方教育的盲目崇拜，使很多教师和家长都认为孩子只能表扬、不能批评，这样才能充分发挥他们的天性。

另一方面，这几年孩子跳楼、跳桥的报道屡见不鲜，很多青少年学生轻生的例子都被认为和教师、家长对孩子的批评有关。

所以，这些年全社会对教育惩戒问题看法比较混乱，很多教师、家长谈到批评孩子的事情都噤若寒蝉，觉得批评孩子特别是严厉批评是师生沟通中风险很高的动作。

针对上述状况，教育部在广泛调研、公开征求意见的基础上，制定颁布了《中小学教育惩戒规则（试行）》。其中提到，一般教育惩戒适用于违规违纪情节较为轻微的学生，包括：点名批评，责令赔礼道歉、做口头或者书面检讨，适增加额外的教学或者班级公益服务任务，一节课堂教学时间内的教室内站立，课后教导等。所以，批评是属于一般教育惩戒、较重教育惩戒、严重教育惩戒中一般教育惩戒范畴的行为，教师可以抛开一些不必要的顾虑，正常行使这样的权力。

但古话说“忠言逆耳，良药苦口”。批评学生是师生沟通中最常见、最难处理，甚至是令教师最为头痛的问题。虽然教师都是真心为学生好，但怎样批评学生效果最好？怎样改变目前青少年学生脆弱的心理状况呢？

掌握批评中蕴含的心理学原理，掌握批评的一些基本原则和具体策略，把批评转化成激励，应该是教师必须学习的重点内容。

第一节 批评学生的“五原则”

许多教育学、心理学的著作都阐述过有关批评的原则、方法等，但很多方法较为笼统，不易操作。这里，笔者想根据自己的一些研究和师生沟通的现状，着重说明几条最重要、最容易被人忽视的批评原则。

一、是批评而不是责备

过去我们常常把批评的原则表述为“惩前毖后，治病救人”。但是，对于尚未成年的学生来说，“惩前毖后”也许主要适用后面两个字。

一般来说，对于学生一些非原则性的、轻微的错误，应该把批评的出发点建立在真诚、友善、同情和尊重的基础之上。同时，要把批评的目标重点定位于未来的改进而不是追究过去的错误。考虑到学生的年龄、承受力等因素，还要尽量减轻批评带给人的反感，让批评发挥最大的正面作用。由于教师担负着培养学生的特殊责任，批评时也不能忽略批评者与被批评者双方的权利和责任。

总之，批评对学生来说，它仅仅是批评，而绝不是责备。双方一起“朝前看”是最重要的。

二、对事不对人

有些班主任想出了用调整座位的办法来区别对待不同的学生：凡是行为有进步的学生往前面挪；而行为退步的学生，马上赶到教室后排。有位班主任对这些学生还有句名言：“笨蛋 ××，给我死到后面去！”于是，学生也大都学会了“活用”教师的这句名言。放学时，他们会对一些家长说：“你家的笨蛋 ×× 今天又死到后面去了三次！”结果，许多学生和家长对这位教师十分反感，认为她这样做是侮辱人格，还有人想到校长室对这位教师进行投诉。

批评学生时，特别要注意“就事论事”，而不能动辄就施以“微言大义”式的语言轰炸，尤其不能用侮辱学生人格的办法来批评学生。

教师要通过自己的一言一行不断地给学生做出榜样。无论遇到什么事情，尊重别人的人格永远是做人的重要准则。教师可以说“你错了”“你不对”“你犯了严重的错误”等，但是像“你怎么这么笨”“你的脑子怎么一直不开窍”“你脑子有病啊”之类的说法，全都应该列入“教师绝对忌语”之中。

三、进退有度的原则

有一次，一位家长中午到学校接孩子，当时还没有下课。他看见自己的儿子沮丧地站在教室门口。一问才知道，原来是因为他儿子上午第一节语文课时做小动作，被老师罚站。家长又问：“那后面几节课你为什么不上呢？”儿子嗫嚅了几下，无法回答。

后来，家长从其他教师那里了解到：这所学校有一条不成文的规矩——学生的问题开始由哪个教师处理，就只能由这个教师撤销处理的决定，还美其名曰“在哪里跌倒，就在哪里爬起来”。可能是那位语文教师忘记了撤销“决定”，导致这个学生在教室门口站了整整一个上午！家长知道原因后愤怒之情可想而知！

一般来说，学生犯错大都是无意的。教师在批评甚至处罚后，应该给学生留有一定的改正余地，要给他们“找个台阶下”，以利于其今后更快地进步。

教师批评学生时虽然“该出手时就出手”，但也要“该歇手时就歇手”，绝不应该过度批评和处罚。像前述班主任、任课教师和家长一起集中火力“围剿”学生的做法，常常会使那些性格脆弱的学生难以承受，把他们往极端方向逼，甚至造成意想不到的后果。

四、个别化处理原则

一所小学接收了若干外籍学生。开始时，学校没有发现他们和中国学生的行为、观念有什么明显的差异。一天放学后，一位班主任因为班里一个中国学生的问题把全班学生留了下来。当着全班学生的面，教师开始了对这个学生的长时间批评。所有的中国同学都不吭声，但十分钟后，几个外籍学生开始发言了：“老师，虽然这位同学犯了错，但跟我们毫无关系，为什么不让我们先回家呢？”从读师范起就熟读马卡连柯“集体教育原则”的老师和一直习惯于“陪着挨骂”的中国学生都一时惊诧得说不出话来。

应该指出，许多教师喜欢在批评个别同学时让全班同学“陪听”。理由是：批评了一个，教育了全体。其实，除极少数犯了带有导向性典型错误的学生需要当众批评外，经常性地让其他学生“陪训”，一般都只能造成“一人受训，举班不欢”的结果。

教育学的一些研究表明，一般情况下，个别化地处理学生的问题是建立良好师生关系的重要原则。

五、因人而异原则

一位乡村小学的语文教师因为学生的字写得不好，就在几个字写得最差的学生的本子上写下了“抄三千遍”的批语。想不到，一名女生竟然因为受不了惩罚而服农药自杀了。在法庭上，律师为这位教师辩护道：“为什么其他几名学生看了批语就没有自杀呢？这说明并不是教师的责任，而是这个女生本身有心理问题。”

这里我们暂且不论这位教师的法律责任问题，但从心理学角度看，同一个刺激对不同气质、不同性格的学生来说一定有不同的影响。如果批评不当，很容易对学生的身心健康甚至生命造成伤害。

心理学家指出，胆汁质的人要特别注意劳逸结合，对抑郁质的人则要给予更多的关心和温暖，而这两类气质的人最容易有心理疾患。这位乡村教师很可能就是不了解学生的个性，严重地伤害了这个也许属于抑郁质学生的稚嫩心灵，铸成了大错。

因此，一定要注意批评的力度、方式等，特别要注意因人而异。心理学家和一些有经验的教师已经总结出了一些针对不同学生的批评方法。对属于不可遏制型的胆汁质学生，“冷”处理后采取回马枪法、逐步推进法等；对属于活泼型的多血质学生，采取频繁提醒法、深刻印象轰击法等；对属于安静型的黏液质学生，采取耐心说服法、逼上梁山式紧盯法等；对属于抑制型的抑郁质学生，采取暗示法、和风细雨式谈话法等。

总之，能否有效地、因人而异地批评学生，是教师成熟度和沟通水准的真正体现。

第二节　批评学生的六步法

尽管许多教师都学过一些批评学生的原则、策略、方法等，但碰到实际情况时，教师们往往觉得无从着手，效果自然也无从说起。

这里给教师们介绍一种批评学生的有效模式——六步法。这种模式的优点在于它综合运用了有关批评的各项有效原则，并从每一阶段的操作方式训练着手，易于教师学习掌握。

一、六步法简介

我们用下表来说明六步法的具体步骤。

步　骤	示　例
第一步：反省内心对话是否正确。	虽然小强已两次犯同样的错误，但我可以再好好地说服他，不必发火。
第二步：切入话题伺机说明批评理由。	小强，我想跟你谈谈有关你上课时……
第三步：提出明确中肯的批评。	我认为你这种表现是完全错误的。
第四步：请对方提出解释。	你自己注意到了吗？为什么？
第五步：请对方建议如何加以改进。	你认为可以怎样改正，或者怎样避免再犯？ 你认为老师应该怎样帮你？
第六步：总结对方承诺的行动。	那么你答应以后会……

二、六步法的具体实施

1. 反省内心对话是否正确

教师欲批评学生时一般应提前有所思考，哪怕两三分钟也好，重点是思考自己的内心对话是否正确，是否遵循了以下原则。

①真诚。不封闭自我，不矫揉造作，不自以为是，不口是心非。不求对方一定接受自己的全部意见，但希望对方明白自己的全部心意。

②友善。批评的出发点不是去伤害学生，而是去帮助学生，即使这位学生曾经伤害过你或其他学生。

③理解。设身处地地感受对方的心理活动，试着站在对方的角度来考虑问题。

④尊重。这种尊重应包括对对方人格、价值观、言行方式的尊重，给对方充分的时间考虑自己的意见，让对方有申辩的权利及不接受的自由等。

试对比下列内心对话。

正确的：小明这次的错误给老师造成了不少麻烦，但还不至于无法收拾，我要指出他的错误并让他改进，同时我必须保持冷静。

错误的：小明这次的错误实在太令人气愤了，简直是不可饶恕！这次一定要叫他下不了台！

正确的：批评他时他可能一下子接受不了，不过我想即使他一时失去理智，我也会一步步地鼓励他改正错误。

错误的：我如果指出他的错误，他肯定会跟我大吵大闹，那就麻烦了。索性跟他翻脸吵到底，否则他要骑到我头上来了。

正确的：趁现在事态还不严重，赶紧向他指出来，也许他认为不值一提，可我必须防微杜渐。

错误的：这一次就马马虎虎地跟他提一提，免得伤他的面子。如果下次再犯，我可就不客气了！

2. 切入话题并伺机说明批评的理由

可能的话，批评学生前先要有一个打开话题的“热身”活动，以免给对方一种突如其来的不愉快感。一旦切入话题，就不应拐弯抹角，而应直指问题核心。

教师此时可以从以下几个角度来说明批评的理由。

①指出对方的错误对你的影响：今天你课堂上的表现给老师带来了很大的麻烦。

②指出对方的错误给他自己造成的影响：今天的行为如果不改，会影响你今后的成长。

③指出问题是如何发生的：今天有些同学向我反映，说你影响大家正常地听课。

说明理由时一定要简单明了，忌啰唆或过分重视细节。

3. 提出明确中肯的批评

（1）用“我向信息”

批评学生时，教师说的话应以“我”字开头，以表示批评发自于你个人，而非某些不能公开的来源。例如：“我看到了你在课桌下……，这是违反校规的”“我对你今天的做法很不满意，我觉得你太忽视……了”“我感到很痛心，因为你……”。

这里教师使用的是“我向信息”。

如果教师所说的话是有关他对学生行为的感觉，以及这个行为对他的实质影响，这样的信息就叫“我向信息”。“我向信息”是将责任置于问题的归属者——教师的内心，又称“责任”的信息。

“我向信息”比“你向信息”更有效，因为：第一，能够让学生听出给教师造成的困扰是什么；第二，能说明该特殊行为给教师真实、具体的影响；第三，能够表明教师受这些影响而产生的内心感受。

总之，“我向信息”的表达会让学生觉得老师在开诚布公地申述。任何合理的“我向信息”都比责难的“你向信息”或较弱的“迂回式信息”更可取。

（2）语句简短

批评对方时语句越简短越好，而且要最先说出，说完后可谈谈该错误的后果。如果后果在前一步已有所涉及，这里可以再说得详细些。

（3）注意体态语和眼神的配合

①眼神。

诚恳的目光能表现出自己与人为善的诚意；自然坦率的目光能表现出自己对对方的尊重和信任；询问的目光，反复与对方对视，表明希望得到对方回应。

教师切忌眼神游离不定或与对方接触太少，否则学生会觉得你的批评不够真诚或感觉受到了轻视。同时要注意，眼神接触要适度。眼神接触太厉害，像“瞪视”对方，又会使对方感到受到侵犯，产生对立情绪。

②体态与空间语言。

表示自己的诚恳、关切时身体微微前倾，靠近对方想使氛围略感轻松时，身体适当后倾 10 度左右。另外，要根据对方的特点选择不同的方位和空间距离与之交谈。

下图中教师身体、目光并不朝向学生，脸上可能还带有讥讽的表情，而且身体微微向后靠，造成了学生的反感，学生索性也把身体指向别处，这样的批评必会导致冲突。

下图中教师的身体、眼神都指向学生，身体还微微地面向学生倾斜，学生也报以同样的体态语，两人的距离也比较近，这样的沟通就可能较为顺利。

当然，下图中促膝谈心很温馨，沟通效果更好。

4. 请对方做出解释

这一步是用来说服对方接受你的批评，方法是积极询问，如：“你能说说这是怎么回事吗？”“你为什么会这么做呢？”“能说说你干这事的原因吗？”

询问的目的是让对方有机会做解释和申辩，不要造成“一言堂”的局面。询问的一种结果是对方接受了你的批评，但此时他还可能说出一些出乎你意料的事实来，使你的批评能修正到更准确的程度，也使对方更能接受。询问的另一种结果是发现对方确实对你的期望或要求不甚明了，这时你必须向对方做补充说明，并确定一个对方能接受的标准。

当然，有一种结果是对方解释后你发现批评并不正确，这时你就应修正或撤销批评，不可为了面子继续批评下去，造成侵犯学生的行为。

5. 请对方建议如何改进

到这一步时，你主要是鼓励对方说出自己的改进意见。

根据学生的个性差异，此时的口语策略大致有以下几种。

①鼓励型。“你有什么改进的构想？”“请你写一个改进的计划。”此种方法适用于那些能力和自觉性较强的学生。

②建议型。“你说说老师该怎样帮你？”“老师要求你这样做，你觉得怎么样？”此种方法适用于那些能力和自觉性中等的学生。

③帮扶型。“老师如果这样做，对你是否有帮助？”“老师会这样来帮助你改正，你同意吗？”此种方法适用于那些能力和自觉性较差，需教师具体帮助的学生。

必须指出，此时学生说不定真的会对教师提出一些要求，期望教师也做适当改变。对此，教师必须有思想准备，但不应纠缠于此，重点还是要转向学生的行为。

6. 总结对方承诺的行动

这是最后一步，也非常重要。因为一般的批评者针对“不该有”的行为往往说得很多，对“该怎样做”却表达得很模糊。此时的做法一般是：

①重复检讨上一步对方提出的改进建议，确定它们的可行性：“那么，你答应以后一定会……”“所以你下次会……”“你确认你的计划是……”“你的意思是……”。

②再次明确彼此应尽的义务：“你将会……，同时老师也会……来帮你。”

③向对方说明这次批评的严肃性：“老师希望你对你今天所说的话负责，我会经常检查督促你的”“过一个星期，我就来看看你的计划执行得如何”。

这类话主要是让学生明白，以后教师将会继续观察他们，看他们是否有所改进，以使他们更加慎重行事，不至于也不敢把今天的谈话当儿戏。

与学生道别后，教师如果还有时间，应该把这次批评性谈话的时间、地点、主要内容等做简单的笔录以备用。

六步法在训练新教师时效果最为明显，很多老教师学后也感到受益匪浅。当然，在实际的师生沟通中必须视情况变通运用。这种模式所体现出的人本主义心理学精神是每个教师都值得吸取的。

◎练习

1. 反思自己平时批评学生的方法，看看自己还有哪些地方需要改进。

2. 实习期间，你发现班上有一个学生经常迟到，请你为此设计一个批评性谈话的计划。

第八章 “正强化”中有文章

——表扬的四种效应和十一条“军规”

济济一堂的教室里，一位青年女教师正在上公开课。教室后排坐着好几位同行、领导和教育专家。

青年女教师精神抖擞，脸上挂着甜美的笑容。看得出来，她非常注重课堂上的师生互动，学生也配合得非常默契。每个问题提出来，马上就会有学生给出精彩回答。而学生一旦正确地回答了问题，老师马上就会热情洋溢地加以表扬："啊，真聪明！""非常了不起！""棒极了！""怎么这样能干，真是个好孩子！"旁边许多听课的同行、领导和专家也都笑盈盈地点头赞许。

下课后开始评课。大家都认为这位教师的课十分成功，说了许多赞美的话，还特别赞赏她通过表扬来调动学生的积极性。此时，一位专家提出了一个问题："我发现这位老师在表扬学生的语言策略方面还有需要改进的地方。""是吗？为什么？"在场的人脸上都露出了困惑的神情。

确实，这堂课看起来气氛活跃，互动精彩，但是在问题难度的设置、表扬手段的运用等方面还是稍有瑕疵的（参见本章中第四条"军规"）。

奖励和表扬，用行为心理学的术语来说，都属于正强化。在学校教育中，也许奖励孩子的手段还不算多，但表扬学生一般是教师的拿手好戏。

过去所有的教育学、心理学著作都认为正强化能鼓励学生加强他们的良好行为。改革开放以后，我们从各种渠道了解了西方教育的一些特点，其中感触最多的就是"多表扬孩子最重要"。

虽然表扬总体上能够激励学生，但具体做法上却大有文章。如果不注意原则和策略，不但效果不好，还可能对学生造成心理伤害。

第一节 表扬的四种心理学效应

心理学家曾经做过一些研究，证明表扬在影响人的行为方面确实有效，但是效果如何还跟做法上的一些细节有关。

一、赫洛克效应

在有关表扬的心理学研究中，经典的“赫洛克实验”[①] 最为著名。

赫洛克曾经以 106 名四、五年级学生为被试对象，要他们练习难度相等的加法 5 天，每天 15 分钟。

他把被试分为 4 个组：第一组为表扬组，每次工作后予以表扬和鼓励；第二组为训斥组，每次工作后严加训斥；第三组为忽视组，每次工作后不予评价，只让其静听其他两组受表扬和挨批评；第四组为控制组，让他们与前三组隔离，不予任何评价。

结果发现表扬组的成绩提高最为明显，而批评的效果比不予任何评价的好。

赫洛克实验证明，及时对工作结果进行评价能强化工作动机，对工作起促进作用。适当表扬的效果明显优于批评。

绝大部分教师学了赫洛克实验后都认为：表扬是老师手中的“法宝”，只要表扬学生，效果总会不错。

① 潘菽．教育心理学 [M]．北京：人民教育出版社，1980：96-97．

但是，后来一些心理学实验证明，事情远远没有那么简单，表扬如果运用不当，效果就会打折扣，甚至还会有副作用。

二、阿伦森效应

美国著名社会心理学家阿伦森认为，人们最喜欢那些对自己的喜欢、奖励、赞扬不断增加的人或物，最不喜欢那些对自己的喜欢、奖励、赞扬不断减少的人或物。

阿伦森用实验对此进行了验证。他将实验者分成4组，分别对某人给予不同的评价，借以观察这个人对哪一组最具好感。第一组始终对之褒扬有加，第二组始终对之贬损否定，第三组先贬后褒，第四组先褒后贬。对数十人进行此实验后发现：绝大部分人对第三组最具好感，而对第四组最为反感。他们觉得如果只是褒扬或先褒后贬显得虚伪，只贬不褒又不客观，而先贬后褒显得客观而且有诚意。

有人这样解释，从倍加褒奖突然到贬损否定，这种落差会造成巨大的挫折感。一般情况下，大部分人都能比较平静地对待和承受一次小挫折，所以先贬后褒，这样的挫折感比较容易承受，加之后来的表扬给予了肯定，让人获得自尊感，所以最令人喜欢。

而先褒后贬，或不断贬低，挫折感会陡然增大或不断增大，递增的挫折感很容易引起不悦或心理反感，因为人会本能地保护自己的自尊感，否则容易陷入自责、自卑或抑郁的情况。

所以，要注意“虽然……但是……”式的表达顺序，要把“虽然你考得不错，但是这里马虎了，不然你可以得满分”改成“虽然这里马虎丢了5分，很可惜，但是总分还有95，说明你对知识掌握得很好，相信下次你可以考得更好”。又如，“虽然总分没有及格，但是我发现这道题上次你不会，这次你做对了。我觉得你在进步，继续保持！”

阿伦森实验告诉我们，表扬的效果和人接收各种信息的顺序有关，要从更全面的角度来看待表扬的作用。

三、三明治效应

把批评的内容夹在两个表扬之中从而使受批评者愉快地接受批评的现象，称为“三明治效应”。

这种做法就像三明治：第一层是认同、赏识、肯定、关注对方的优点或积极面；中间一层夹着建议、批评或不同观点；第三层是鼓励、希望、信任、支持和帮助，使之后味无穷。

有人认为，运用三明治式的批评效果好的原因主要有如下几点：一是三明治法的去防卫心作用，它使受批评者乐于接近批评者；二是三明治法的去后顾之忧作用，它常常给予受批评者鼓励、希望、信任、支持、帮助，使受批评者振作精神、重新再来，不再陷于泥潭之中；三是三明治法给受批评者留面子，三明治式的批评，既指出了问题，也易于让人接受，而且不会留下后遗症，这主要归功于这种批评不伤人的感情，不损坏人的自尊心，能激发人向善的良心，使人的积极性始终维持在良好的行为上。

三明治效应和阿伦森效应其实有异曲同工之妙，都把奖惩这两个最重要的因素放在一起形成合力，希望能更有效地促进人行为的改变。

四、德西效应

心理学家爱德华·德西曾进行过一次著名的实验。他随机抽调了一些学生去独自解一些有趣的智力难题。在实验的第一阶段，抽调的全部学生在解题时都没有奖励；进入第二阶段，所有实验组的学生每完成一个难题后，就得到1美元的奖励，而无奖励组的学生仍像原来那样解题；第三阶段，在每个学生想做什么就做什么的自由休息时间，研究人员观察学生是否仍在做题，以此作为判断学生解题兴趣的指标。结果发现，无奖励组的学生比奖励组的学生花更多的休息时间去解题。这说明：奖励组对解题的兴趣衰减得快，而无奖励组在进入第三阶段后，仍对解题保持了较大的兴趣。

实验证明，当一个人进行一项愉快的活动时，给他提供奖励反而会减少这项活动对他的内在吸引力，这就是所谓的德西效应。

德西效应的意义在于它引发了对奖励中内部动机和外部动机作用的探究，相对来说比较深入。但是我认为，只用思想单纯的学生来做研究对象，用来解释成人的行为时，少了一点说服力。

综上所述，由于这些心理学研究总体看来还比较零碎，缺乏系统性和深入性，所以教师要从更广泛的视角来考虑表扬问题。

第二节　表扬的十一条“军规”

笔者综合了影响表扬效果的各种因素，总结了表扬的十一条原则和策略，称为表扬的“十一条军规”，供广大教育工作者参考。

一、期望与效价最大化

国外一些学校现在已经把管理心理学中的一些方法运用到了学生管理中，而且确实行之有效。

维克托·弗鲁姆在《工作与激励》一书中提出来的一种激励理论，在管理和经济决策等领域有很广泛的应用，即：

$$\text{动机} = \text{效价} \times \text{期望}$$

其中，动机就是动力或积极性，效价即达到目标对于满足其个人需要的价值，期望就是根据过去经验判断达到某种目标的概率。简单地理解，就是人做某事的积极性等于成功概率和价值判断的乘积。当两者都最大化时，人的动力或者说积极性最大。成人和孩子其实都有这样的心理。

根据这个期望与效价理论，一所学校在褒奖学生时，采用了发“代币券”的形式，使学生的良好行为得到持久强化。具体做法是：如果学生有某种良好行为被教师表扬，他可以得到一张价值若干元的代币券，并可用它在学校的小卖部换取同样价值的小商品；如果学生当时不去兑换，并继续将他的这种良好行为保持一段时间，或又有新的良好行为被表扬，他就可以到教师那里换取一张面值更大的代币券；如果学生仍不兑换此券，并继续保持良好行为，教师的处理方式仍根据以上原则类推。经过一段时间的实践证明，绝大多数被表扬的学生都选择了持券待“兑”的方式，“目光短浅”的学生并不多见。

笔者若干年前碰到了一位小学校长，他告诉我，由于觉得“期望与效价”理论很有道理，他们也设计了一套类似代币券的奖励机制。我当然很感兴趣，问：“试验下来效果怎么样？”他的回答出乎我的意料：“第一年效果很好，第二年、第三年效果逐年下降。学生知道了这套奖励机制的原理后，越来越多的人选择马上套现！”这里最有价值的信息是“学生开始知道了这套奖励机制的原理”，这就是奖励效果逐年降低的主要原因。所以，再好的奖励方式也不能一成不变，而是要经常变化，与时俱进。

二、以奖励内部动机为主

该“军规”来源于心理学中著名的德西效应。心理学家德西在实验中发现，在某些情况下，人们在外在报酬和内在报酬兼得的时候，工作动机不但不会增强，反而会降低，此时，动机强度会变成两者之差，人们把这种规律称为德西效应。

根据德西效应，教师在表扬和奖励学生时要运用“以奖励内部动机为主”的原理，使学生更关注自己的成长。因此，平时教师要仔细观察学生的个性和特长，发现学生的良好行为并给予褒奖时，要注意引导他朝自我成长的方向发展，而不要引导他们仅仅去谋取一些“蝇头小利”。例如，对有体育才能的学生，可以推荐他们参加球队；对有文艺才能的学生，可以推荐他们参加乐队、合唱团、舞蹈团，或为他们举办演出；对在发明创造等方面有成果的学生，可以让他们公开展示。教师这样的奖励有可能会影响孩子的一生。

三、延后褒奖和表扬

西方人称此条“军规”为“老祖母的原则”。因为西方的孩子最喜欢吃冰激凌之类的餐后甜点，所以老祖母在餐桌前就会告诉孩子，只有把全部正餐都吃完，然后才可以吃甜点。

心理学告诉我们，一旦驱使你去做某件事的诱因消失之后，即使有再好的意向也难以实现。因此，教师要设计好让学生表现出良好行为的诱因和方法，使学生先全力以赴地做好一些他们该做的然而又有一定难度的事情，最后才能得到表扬或奖励。

把对学生有吸引力的目标分解为近期目标、中期目标和远期目标，让他们明确地朝着这些目标去努力，是激励学生行之有效的方法。要让学生记住，“天下没有白吃的午餐”“太早得到的葡萄一定不够甜”。

四、表扬重点是行为而不是人格

心理学家认为，从小培养学生独立自主的人格是非常重要的。如果教师和学生交往时经常就一些小事任意评价他们的人格，就会使学生认为自身的价值必须依附在他人给予的赞同、不满等评价上，从而影响他们整个身心的发展。

请比较下面的实例。

正例：

“这篇作文的水平很高，它对中学生的心理有深刻的描绘。”

“最近你的作业做得很认真，字迹也端正了，我会在家校联系册上告诉你的家长。”

反例：

“老师觉得你很了不起，文章写得这么棒！”

“我认为你变成了一个好孩子。”

同样，在课堂上面对全班学生时，教师不应该对一些能正确回答问题的学生随便说“很棒”“很聪明”，因为其他未能回答出问题的学生听后很可能会感到自己很差、很笨。这时一般的策略应是“不错”“正确”“答对了”等中性反馈，这些反馈没有附带对学生人格的评价，教师可以放心使用。

五、表扬不能过度

教师过度的表扬和奖励经常会起反作用，学生会觉得教师不是真心的，而只是一种惯用的手段。

心理学告诉我们，如果一种刺激持续时间太长，人们就会因为“适应”的缘故而变得不再敏感。因此，教师虽然不必“惜褒如金”，但也应该适当注意表扬和奖励的“发行量”，从而保证你说话的“含金量”。

如果教师对学生的一些好行为表现得太过惊讶，学生会理解为反面的不良行为也不会很严重，且这类行为很快就会发生。

试看这样的表扬：“小强今天非常好，20 分钟里都没说过一句废话。”那么，30 分钟后，可能有很多同学开始说废话。

心理学认为，教师对他所期望的行为赞美太多，则隐含着他原来正期望着相反的行为可能会发生。特别是一些正处于逆反期的学生，经常会想找个借口与教师“对着干”。

六、不随便比较学生

教师要发现每个学生的独特之处，让他们根据自己的个性和特长健康发展，并且要让学生明白：每个人都有自己独一无二的优点，而不能动辄就在学生之间互相比较。“人比人，比死人”，什么事都让学生互相比较，是一种很拙劣的教育手段。在表扬和奖励学生时也同样必须遵循这个原则。

正例：

“你的手工课作业做得真好，我想你一定花了很多心思，老师真喜欢你的作品！”

反例：

“你的手工课作业完成得真好，全班没人比得上你！”

遗憾的是，我们经常看到的却是类似下面这样的情景。

美术课上，颇感失望的教师“总算”看到了一位学生的作业比较像样，就把这名学生的作业高高举起，展示给全班同学看，同时大声说：“大家看看，这才叫画画啊！再看看你们自己，简直都在糟蹋颜料！”

于是，教师又成功地完成了一次“抬高了一个，倒下了一片”的“壮举”。

七、公开表扬与私下表扬双管齐下

对一些低年级学生来说，公开表扬、奖励的效果较好。根据教育心理学的研究，这个年龄阶段的学生觉得大人对自己的评价是非常重要的。而对一些高年级的学生，教师在他身旁低声称赞可能比在全班公开表扬更令他感到愉快，因为这样做能避免他陷入被同学议论、讥讽的尴尬境地。

除与学生个别沟通时教师可私下表扬外，有时在人多的场合，教师同样可以在走动中使用耳语、轻声告白等办法表扬学生。甚至教师一个欣赏的微笑、一个赞许的眼神，学生也大都能心领神会。

对有些带有导向性的、典型的良好行为，教师应有意识地公开奖励或表扬，因为“榜样的力量是无穷的”。

八、尽可能公平一致

教师在奖励或表扬学生时，有时一些因素会影响表扬的公平性和一致性。例如，教师个人的心情好时，乐观、敏感、行为主动；心情不好时，则悲观、迟钝、行为木讷。不管个人心情如何，教师一与学生接触，就应像演员进入角色，因为这是教师起码的职业道德。否则，学生就会经常为这样的问题而困惑：昨天某同学因为某种行为得到了老师的表扬，今天我也有相同的甚至更好的表现，可老师为什么熟视无睹？教师对不同学生的好恶感也会影响表扬的公平性和一致性。对不同的学生，只要有相同的良好表现，教师都要给予及时的表扬。

九、隐恶扬善、找好不找坏

当学生的表现不一致时，教师应通过表扬正面引导。一定要让表现不恰当的学生懂得：只有表现好才会得到教师的关注和赞赏。必要时，教师可以对学生的某些消极行为暂时熟视无睹，或者装聋作哑。

正例：

“A组的志强举手发言了，我非常欣赏他的大胆和勇敢！还有谁能像他一样？”

反例：

“怎么只有一个人举手回答问题？怪不得很多老师说你们班的学习风气很差！看样子你们班真是搞不好了。”

十、珍惜学生的这一刻

教师不要计较学生过去或一贯的不良表现，而要相信学生内心深处渴望进步的良好愿望，相信“滴水可成大海”。

当那些自己不喜欢的学生有好的表现时，有些教师的典型想法是：今天可真是太阳从西边出来了，但我想还是不表扬他为好，因为这家伙肯定是个捧不起的刘阿斗。

请看一个学生对要求过高的教师的反应：反正你不相信我的表现——我改你又不相信，我不改你又不满意，那我还不如不改!

一个好教师就像一个好猎手，他不但要捕捉学生的缺点，更重要的是要时时刻刻捕捉学生的“闪光点”，并加以表扬。

十一、因人而异

如果你发现自己对学生的奖励或表扬不能增加学生的良好行为，你就应该根据学生的个性特点试着改变一下你的策略。试体会以下几种语言。

“我发觉你已经非常努力了，但效果要慢慢才会显出来。”这种语言适用于那些能力不强、心里想改进、敏感度又高的学生。

“继续努力，加油干吧！相信你下学期一定会在班里崭露头角的。”这种语言适用于那些有潜力但对自己要求不高或自信心较差的学生。

“我认为你虽然是年级中的佼佼者，但还应到区里去比试比试，不知你会不会名列前茅？”这种语言适用于那些聪明、好胜心强，又很容易骄傲自满的学生。

针对不同年龄、个性和需要的学生，教师应采取多种多样的奖励方法：星星、纪念章、笔记本、奖状；参加某些荣誉性的学校活动或社会活动；在国外某些学校，教师还有权采用让个别学生早下课、早去球场打球或看电影等奖励方法。

表扬和奖励的十一条“军规”是许多优秀教师实践的总结，关键是要在领会其精神后灵活运用。

◎练习

1. 对照表扬和奖励的十一条“军规”，反省自己哪些方面做得好、哪些方面做得不好以及应该怎样改进。

2. 班上有一个学生，平时比较自由散漫，学习不认真。在一次课外活动踢球时，不慎将教室的玻璃打碎了。晚上，他一个人悄悄地来到学校，将新买的玻璃装上。门卫师傅发现后，第二天将这件事告诉了班主任。假如你就是那位班主任，你打算如何在班上表扬这个学生?

第九章 “苦口婆心”中的学问

——师生沟通的口语艺术

据统计，一般人每天用于讲话的时间平均是1小时，累计下来，人一生中用于讲话的时间长达两年半，如果记录下来，便是1000部每部400页的巨著。作为吃“开口饭”的教师，一生中所讲的话远远不止这个数量。但是，许多教师在“苦口婆心”地对学生说话时却没有好好反思、研究过自己的语言质量问题。有些人做了一辈子教师，还是被人评价“不会说话”。

说话的水平和人的天赋有关，但更多还是靠后天的实践。要提升口头表达能力，既要多实践，也要靠善于总结经验，这也是很多有几十年教学经验的老教师的切身体会。

教师要把话说好，第一步是不要说错话，第二步才是把话说得好。也就是说，教师要从说话的内容和形式两方面进行长期的修炼。

师生沟通的障碍来自哪里？首先来自沟通一方或双方的错误立场，而这种错误的立场又通过错误的语言表现出来。许多研究发现，教师一些脱口而出的话语成了“杀手”式语言，阻碍了师生沟通，导致师生之间产生误会和冲突。所以，要提高师生沟通的效果，应从分析教师错误的语言着手。

提高说话的艺术水准是对教师更进一步的要求。这是判断一个教师能否成为优秀教师的重要指标。我们可以发现，其实每一位优秀教师都是不同风格的语言大师。要掌握好口语表达艺术，并达到炉火纯青的地步，确实是很不容易的。

因此，根据师生沟通中最常见的情形，本章先分析教师错误的沟通语言有哪几种，然后介绍一些教师的口语艺术和策略，供大家参考和学习。

第一节　师生沟通中的几种错误语言

汤玛斯·高登和克里斯·科尔等心理学家曾经把教师错误或不当的沟通语言分为三大类。[①] 参照他们的分类，以及我国教师的实际状况，笔者这里把师生沟通中教师常见的语言错误划分为四类。

一、发号施令型

发号施令型语言向学生传达的信息是：作为一个学生，他“应该”怎么做、“必须”怎么做、“最好”怎么做、“可以”怎么做。发号施令型的教师认为，通过这样的语言可以向学生传达解决问题的办法，期望学生无条件地接受，它也是许多教师最喜欢使用的一种语言。

发号施令型语言可以分为四种，根据教师使用的频率排列如下。

1. 命令

“坐下，不许动！现在轮不到你说话，等你得到了原谅再说。”

“不许再哭，这里不是你家！”

“你给我离开教室！”

① 高登 . 教师效能训练 [M]. 欧申谈，译 . 台北：新雨出版社，1993：83-91. 科尔 . 沟通的技巧 [M]. 刘永俊，李均洋，译. 北京：中央编译出版社，1998：62-71.

这种语言让人觉得学生的感受、需求或问题并不重要，他们必须顺从教师的感受与需要，并有可能产生对教师权威的恐惧感。由于这是教师单方面发出的语言信息，学生的情感或需求没有得到尊重，因此，学生有可能对教师产生怨恨、恼怒甚至敌对的情绪和行为，比如顶撞、抗拒、发脾气等。

2. 威胁

“如果你们这次不交齐作业，我就要罚你们再抄十遍书！”

“如果你再不改，我就打电话叫你家长来见我！”

这种语言首先是命令，然后是告诉学生不服从的后果是什么。这种语言可能使学生感到恐惧从而屈从，也可能引起学生的敌意。学生有时还可能对此做出与教师期待相反的反应：不管你说什么，我都不在乎，看你能把我怎么样！更有甚者，故意去做刚才被警告过的事，看教师是否真的言出必行。即使教师真的采取了叫家长等措施，学生的态度一般也不会有所改变。他们只会更加反感，至少会保持消极状态的沉默，与教师、家长不做任何交流。

3. 强加于人

“昨天晚上你有没有照我说的去做功课？你知道如何安排时间吗？让我来告诉你……”

“今天找你来，是要与你讨论你这次考试失误的事情。经过对你试卷的分析，我发现你存在的问题是粗心。你说是吗？记住：下次考试要细心！好，我的话讲完了，你可以回去了！一定要记住我的话，千万别再粗心！”

其实，学生考试失误未必是因为粗心，也许还有更多的原因。教师找这个学生谈话，目的是帮助他找到这次考试失误的原因，提高学习的成绩，但因为没互动和交流，导致师生之间的谈话毫无效果，并让学生感到老师并不想也确实不了解自己。

“强加于人”实际上也是微妙地下命令，但它可以更巧妙地隐藏在貌似很有礼貌的、富于逻辑的陈述中。实际上，讲话的这一方只有一种心态：你是我的学生，所以必须按照我的要求来做。

因为不给对方发表自己意见的机会，这类谈话往往进行得很快，学生也根本没有时间表达自己的想法，从而会感到自己的权利被剥夺了。长此以往，学生还会产生一种“老师总是认为我不行，有改也改不完的缺点”等压抑感。

4. 过度忠告

“如果我是你，肯定不会像你这么做，我这样说你真的是为你好。”

“根据我多年的经验，考试的时候一定要先做容易的题目，再做难的题目。”

这样的语言是在向学生证明：教师不相信他们自己有解决问题的能力，其后果往往是让学生对教师产生依赖心理，削弱了他们独立判断的能力和创造力。

过度忠告也表现了教师的一种自我优越感，容易引起追求独立的学生的反感。

有时，这种语言信息还会使学生感到被误解，学生甚至会想：“如果你真正了解我，就不会给我出这种馊主意。”

发号施令型语言是教师平时用得最多的一种语言，许多教师认为它见效最快。这种语言的优点是可以快速解决学生存在的一些问题，缺点是使用过度就会失效。原因有以下几点。

第一，容易造成学生反感。这种语言的背后常常隐藏着“你太笨了”“你太差劲了”“你要听我的”“我是权威”等意思，让学生听后很反感，随之出现逆反心理或反抗情绪。有经验的教师会发现，若一个学生长时间听到的都是这样的语言，他就会变得烦躁、自卑，或以后对类似的语言表现漠然，以至于许多教师和家长总是抱怨：“为什么孩子越教育却越不听话？”

第二，容易让学生顺从，却不容易让他们产生积极行为。因为在压力下服从不等于心服，所以学生只是被动地顺从，不会主动积极。

第三，它所表达的信息仅涉及学生而不涉及教师。学生不知道他的行为对教师有什么影响，只知道老师要求他改变某些行为。在这种单方面的沟通中，学生也会单方面地对教师做不正确的推测，比如“这个老师偏心、心胸狭隘、脾气坏，专门拿我们出气”“老师对我们要求太高”等。有了这样的负面心态，学生就难以接受教师原本的好意了。

二、傲慢无礼型

傲慢无礼型语言可以分为以下三种。

1. 训诫

“你是个初中生了，应该知道什么是对的，否则你得到小学去回炉了！”

“你应该很清楚必须用什么样的姿势写字。”

这类语言表达了一种预先设定好的立场，使学生感受到与教师之间地位的不平等，感受到教师在运用权威，从而对教师产生防卫心理。

当教师运用这类语言的时候，常会使用这些短语：“你应该……”

“如果听从我的劝告，你就会……”“你必须……”等。这类语言在向学生表达：老师不信任你们的判断能力，你们最好接受我认为正确的判断。年级越高的学生，“应该”和“必须”式的语言越容易引起他们的抗拒心理，并导致他们更强烈地维护自己的立场。

2. 贴标签

“我发现班上一有麻烦，总少不了你。”

“我早就知道你不行，因为你太懒惰！”

这种语言一下子就把学生打入了“另类”，最容易使学生产生自卑感或“破罐子破摔”的消极心态。面对教师这样贴标签式的语言，学生会感到自尊心受到了损害。为了维护自己的形象，他们以后在教师面前就会尽量掩饰自己的想法和情感，不愿将内心世界向教师敞开。一些调查表明：学校里最得不到学生尊重的教师，是经常给学生贴标签的教师。所以，教师对此必须特别注意。

3. 揭露

“你这样对抗老师无非是为了出风头！”

“你心里想什么我还不知道吗？在我面前你别想玩什么花招！”

“说几句认错的话就想蒙混过关？其实是害怕我给你爸爸打电话吧。我今天偏要给你爸爸打电话！”

教师让学生知道“我知道为什么”“我能看穿你”并不是件好事。因为如果教师分析正确，学生会由于被揭穿而感到窘迫或气恼；而如果教师分析不正确，学生也会因受到诬陷而感到愤怒。他们常常认为教师是在自作聪明，自以为能像上帝一样居高临下地洞察所有学生的内心，莫名其妙地感觉良好。

傲慢无礼型语言在不同程度上都有明显的贬损学生的意味。这样的语言会打击学生的自尊心，贬低学生的人格，并表达出“你是问题学生”“你不好”“我不喜欢你，甚至讨厌你”“我对你没有信心”等意思。学生如果经常听到这类语言，就有可能形成“我是一个差劲的人”等自卑心理，长此以往，会对学生的身心发展造成较大的伤害。由于这种语言常常使学生的自尊心受到伤害，他们也可能随之出现反击的心态。这时，师生之间可能出现大的冲突。更重要的是，傲慢无礼型语言会让学生觉得教师粗鲁、教养差，给学生造成负面影响，对他们的成长十分不利。

三、讽刺挖苦型

讽刺挖苦型语言可以分为以下两种。

1. 暗示

“你讲话的水平真高啊，也许以后会有人请你当我们学校的校长。”

“临近高考你还在玩，真是胸有成竹啊，看来你一定会考上名牌大学。”

“《西游记》刚刚演完，我们可以开始上课了。”

这类语言虽然相对来说比较温和，但效果往往很差，主要原因有以下几点：

第一，由于年龄较小、注意力不够集中或认为不关自己的事，很多学生并不能透彻地理解这些暗示，有时教师会感到自己是在“对牛弹琴”。

第二，即便有些学生明白了教师话语的部分含义，也会觉得教师说话如此拐弯抹角，有失坦诚，觉得教师“太做作了”，从而失去了对教师的信任。

第三，即使学生听出了教师的言外之意，他们也只会对教师的说话动机和人品做出鄙夷的评价。

2. 中伤

“你的字写得太好了，龙飞凤舞啊！我的水平太差，实在看不懂！看来要请你爸爸来教我看。”

“你以为你是爱因斯坦吗？不要自以为懂得很多了！”

“怎么这么热闹，看来全班同学都缺钙啊！”

这类话语一出口，就明显流露出对学生的鄙视，还带有一些人格侮辱的成分在内。对这类中伤性的语言，学生会非常反感。他们即使不敢当面说，心里也会反击：“你有什么资格来消遣我？看你说话的样子，哪像个老师！”

教师在使用讽刺挖苦型语言的时候，是希望学生听懂这些话的弦外之音。他们认为这是一种较为温和、较为“高雅”的表达方式。这类语言的潜台词是“如果我们把话挑明你们就会不喜欢我”“跟你们坦白太危险了”“我是有水平的教师，不会像你们这群傻瓜那样直筒子式地说话”。

不要以为只有发号施令型和傲慢无礼型语言才有许多不良后果，讽刺挖苦型语言对学生的伤害也非常大，因为这类语言背后隐藏着的是对学生的厌恶和轻视。

四、隔靴搔痒型

隔靴搔痒型语言主要有以下两种。

1. 空口“安慰”

“不要难过，太阳每天都是新的，明天你就会好起来的。”

“不要着急，你还年轻，人生之路长着呢。”

“回去休息休息，一切都会好起来的！”

在这些不能解决实际问题、没有意义的安慰中，隐含着一丝“哀其不幸”式的怜悯。学生会感到双方并没有站在平等的地位对话，而且自尊心越强的学生越不喜欢教师这样的讲话方式。

2. 泛泛之词

“总的看来，你是一个好孩子。”

“我也不知道对你说什么好，你自己好自为之吧。”

“你需要发扬优点、改正缺点。”

这种泛泛而论的评价过于简单，对学生的成长无益，而学生也会怀疑教师是否真的关心自己。

当教师安慰一个痛苦中的学生或学生急切地要求教师对自己有所帮助时，隔靴搔痒式的语言会让学生非常失望，他们会对教师产生无能、自私、冷漠等不良印象。如果学生经常听到教师说此类话，还会怀疑教师是否一直在敷衍自己，对自己毫无爱心。长此以往，师生关系就不会融洽，隔阂将日益加深。

许多成人在回忆往事时，经常会提及学生时代若干印象最深刻的事。他们可能会说，当时是老师一次意味深长的激励使自己受益一生；也可能会说，当时是老师的一句话深深地伤害了自己，成了自己“心里永远的痛”。教师不能轻视自己的一言一行，不能在无意中成为被通缉的“杀手”，因为你面对的是一个个活生生的、年轻美丽的生命。

第二节　师生沟通的口语艺术

一、幽默

恩格斯认为，幽默是具有智慧、教养和道德上优越的表现。可见，幽默是一个人的人格特征中重要的积极因素。幽默也是人际关系中必不可少的“润滑剂”，人们都喜欢和幽默的人交谈，喜欢听幽默的话语。一些调查证明，在学生喜欢的教师的特征中，幽默一直是名列前茅的。具有幽默感的教师能让学生感到快乐，心情好了，沟通也就顺畅了。在师生沟通中，幽默有以下作用。

首先，教师批评学生的一些不良行为时，可以使用幽默的语言。这种批评的特点是“点而不破”，既解决了问题，又不会严重损伤学生的自尊心。

例如，上课铃声已经响完，教室里却安静不下来：有些学生谈笑风生，有些学生静观窗外，还有两个学生伏案而睡。教师先咳嗽了一声，然后略带笑意地对大家说：“如果那几位聊天的同学也能像那些欣赏窗外景色的同学那样保持安静的话，就不会影响那两位睡觉的同学了。”教师幽默的话语真可谓“一石三鸟”，一阵笑声后，教室里安静了下来。

其次，幽默是师生关系的缓冲剂。富有幽默感的人一般都豁达大度，对人宽容。例如，一位年轻人至今也忘不了当年的一件小事。他小时候很胆小，看到老师特别害怕。有一次，在去春游的校车里，他一不小心重重地踩了新来的班主任一脚。他神色紧张、忙不迭地向老师道歉："对不起，对不起，实在对不起！"老师揉了揉脚后轻松大度地回答说："不要紧，其实是我的脚放错了地方。"车厢里爆发出一阵笑声，这位学生也如释重负。长大后的年轻人说永远忘不了这一幕，因为他从中学到了老师的待人之道。

再次，幽默可用来补救师生沟通中的一些失误。例如，一位教师由于了解情况不够，错误地批评了一位学生，这位学生当场辩解，教师也立即觉察到了自己的失误。面对教室里紧张的气氛，这位教师立即冷静下来，说："经调查，我们认为对某同学的'指控'不能成立。本人慎重考虑后决定接受该同学的'上诉'，撤销'原判'，为该同学彻底'平反'。"然后，这位教师把目光转向其他同学，认真而诚恳地说："今天批评了某同学是因为我对情况了解不够，错怪了他。为此，我向某同学表示歉意。"

这位教师通过使用法律公文式的夸张语言营造了幽默的氛围，化解了困窘的场面，进而顺利地过渡到了和谐的师生沟通的情境。

最后，幽默可以让教师自我解嘲。例如，一位谢顶的教师第一次走进教室，下面就产生了一阵骚动。几个学生夸张地用手遮住了眼睛，还有人轻声说："真亮啊！"教师走上讲台，先朝着大家宽容地笑了笑，然后以轻松的口吻说："虽然今天我们是第一次见面，以后的日子还很长，但我想先告诉你们一个秘密——我真的是一个'绝顶聪明'的老师！这一点大家以后一定能体会到。"聪明的学生马上理解了教师这番话的含义，大家用和善的微笑接纳了这位新教师，并对这位教师产生了几分好感，教师也弥补了一些自己本来无法改变的缺陷。

幽默在师生沟通中非常重要，但教师在运用幽默时必须把幽默和低俗、油滑、刻薄、讽刺的语言区分清楚，而且还须注意场合等因素。

二、委婉

心理学的研究表明，人们的认识和情感有时并不完全一致。在师生沟通中，教师有些话虽然完全正确，但学生却觉得情感上难以接受，因此，直言不讳的效果一般不太好。如果教师磨去话语的“棱角”，使学生在听到话语时仍感到自己是被尊重的，学生就能从理智和情感上都接受教师的意见，这就是委婉的妙用。

例如，一位教师一次到监狱为年轻犯人做报告，报告的题目是“认罪伏法，教育改造”。做报告之前，这位教师了解到这些犯人有一种抵制心理，认为无论是谁做报告，无非是“大道理＋小道理＋训斥”。为了消除或减轻犯人的这种心理，他绞尽脑汁地进行准备。报告一开始，这位教师说：“触犯了国家法律的年轻的朋友们……”这个称呼立即引起了全体罪犯的强烈共鸣，有人当时就掉下了激动的眼泪。

这位教师的语言可谓是“委婉称呼”的妙用：由于对这些年轻的犯人既不能称“同志”，又不便直接称“××罪犯”，因此，使用这种委婉的称呼既明确了对方的身份，又起到了缩短双方心理距离的作用。

在向学生表达一些否定性的意见时，教师如果能使用委婉的语言，学生就更容易愉快地接受。以下列举几种具体做法。

1. 使用一些语气词

比较“你不要强调理由”和“你不要强调理由嘛”，“快对老师说实话”和“对老师说实话吧”，我们会发现，用“吗、吧、啊、嘛”等语气词，可以使人感到你说话的口气不那么生硬。

2. 灵活使用否定词

例如，把“我认为你这种说法肯定错了”改为“我不认为你这种说法是对的”，把“我觉得这样不好”改为“我并不觉得这样好”。这样说话能把同样的意思表达得不那么咄咄逼人。

3. 以问代答

例如，一位班主任在听取班委有关春游活动计划的汇报时插话问：“为什么每个同学的经费预算这么高呢？能不能再节约一点？”这种以询问的语气来表达自己的意见就显得比较温和，而不是强加于人。

使用委婉的语言，一方面要选取对方最易接受的角度，另一方面要看对方的特点，因为不同年龄、素质的学生对语言的理解推断能力是不同的。

三、含蓄

在师生沟通中，有时因某种原因不便把某些信息表达得太清晰直白，而要靠对方揣摩、体会出自己的话语中蕴含着的真正意思，这种“只能意会，不可言传”的手段就称为含蓄。

含蓄是教师高雅、有修养的表现，也经常表示出一种对学生的尊重。学生的年龄越大、文化程度越高，教师使用含蓄语的频率就越高。

含蓄在师生沟通中主要有以下几方面的作用。

1. 曲表观点

师生沟通中有时为了让对方容易接受自己的观点，不会难堪，教师可以用迂回的说法来表达。

例如，一位大学生向心理学教师咨询，说他和一位女同学感情很好，可其他同学都说那个女生虽然品学兼优，但相貌平平，配不上他。为此，他心里非常矛盾。教师觉得这类事很难明确地表示意见，因此，只是问那位学生：“你知道这句名言吗——‘人不是因为美丽才可爱，而是因为可爱才美丽’？”学生品味着教师的这句话，心里似乎有了主意。

2. 巧避锋芒

有时师生之间在某些非原则性问题上有不同看法，或者为了避免公开发表目前并不想发表的意见，教师可以用外交辞令式的含蓄的语言暂时回避，让学生留有保持自己意见的余地，也可避免引起不必要的冲突。

例如，一位教师在全班学生面前介绍一位因逃学而刚来报到的学生时，巧妙地说：“由于大家都知道的原因，某同学终于在今天回到了自己的班级……”这种说法既不伤这位同学的面子，也没有被全班同学误解为包庇，还包含着对这位同学“浪子回头”行为的欢迎之意。

3. 暗示批评

有时含蓄的话语是为了对有不良行为的学生旁敲侧击一下，使其注意，但又不太伤他们的面子。例如，有几个学生在其他任课教师的课上捣蛋，课后，班主任找他们谈话。班主任只是说："班级打算开一次'尊师演讲会'，请你们几位准备好上台做精彩的演讲。"这几个学生一听都脸红了，感到非常难为情，最后主动向老师认了错。

4. 美化语言

师生沟通中如果必须讨论到一些青少年不宜直接谈论的内容，教师可用含蓄的语言让谈话不失于粗俗。例如，用"天才仓库"代替"精子库"、用"失过足"代替"坐过牢"等。当然，使用含蓄的语言首先要考虑学生的理解力。

四、反语

中国古语说"将欲夺之，必固与之"，太极拳讲究的是"欲进先退，欲前先后"。在师生沟通中，教师有时为了达到目的，口头说出的意思和自己的真实意图恰恰相反，反而能成功。这就是反语的妙处所在。

批评人时用反语可能有更好的效果。《晏子春秋》中有晏子用反语来说服齐景公的故事，与下面这位班主任的说法有异曲同工之妙。

班上有不少男生最近开始迷上了抽烟，熟悉教育心理的班主任知道这是许多男生在生长发育期间追求"成人化"的表现，横加指责只会造成师生对立。因此，在一次班会上，他并不点出吸烟学生的名字，而是说了这样一句话："今天我给大家讲讲吸烟的好处。"妙语开场，如石击水，反响强烈。他接着说："第一大好处是吸烟引起咳嗽，夜半尤剧，可以吓退小偷；第二大好处是咳嗽会导致驼背，可以节省布料……"这种诙谐的反语暗示了吸烟的害处，使学生在笑声中理解了教师的用意。

在说服学生时，用反语来归谬，然后合乎逻辑地推导出一个荒唐可笑的结论来，也很有效果。例如，一个学生挑食，想把午餐中的鱼汤倒掉，老师要阻止他，他对大家说：“据说鱼汤喝多了会长得像鱼，而且会越来越笨。”老师问：“那你喝牛奶吗？”这个学生说：“每天都喝。”老师笑着说：“那你会不会长得越来越像奶牛啊？”大家哈哈大笑，这个学生脸红了，也明白了老师的意思。

五、模糊

请看电视剧《鲁智深》中的一段台词。

法师：尽形寿，不近色，汝今能持否？

鲁智深：能。

法师：尽形寿，不沾酒，汝今能持否？

鲁智深：能。

法师：尽形寿，不杀生，汝今能持否？

鲁智深：（犹豫了）……

法师：……

鲁智深：知道了。

鲁智深真可谓是善用模糊的高手。

同样，在师生沟通中，教师有时会因某种原因不便或不愿把自己的一些意见明确地表达出来，这时就可以采用模糊的口语技巧，把输出的信息模糊化，使沟通有余地。

当教师对一些事情的真相未了解清楚，特别是对突发事件的前因后果尚不确定时，运用模糊的语言可让教师掌握主动权。

例如，有学生反映班上一对男女同学像是在早恋，教师在没有彻底弄清情况前，没有急于做出回应，只是对反映这个情况的学生说："我也注意到了一些情况，不知是否真是这样。请你们不要再谈论此事，不管怎样，我会按照我一贯的原则来处理的。"教师表面上的轻描淡写和模糊说法，避免了事态进一步扩大，有利于今后教师谨慎、正确地处理此事。

模糊有时也是为了照顾对方的自尊，尤其是使用批评性的语言时。例如，教师在班会上讲评学生的问题时，一般都这么说："绝大多数同学是好的，少数同学还存在问题，个别同学特别差。"这种说法一方面保护了存在问题的学生的自尊，同时又起到了提醒、敲打他们的作用。

模糊有时还为了避开某些敏感的问题。例如，学生问班主任："您觉得教我们班的任课老师中谁课上得最好？"班主任答："各人有各人的特点吧。"又如，学生问："老师，您是不是最喜欢我们班的××同学？"老师答："是我的学生我都喜欢。"

值得注意的是，模糊不等于糊涂。糊涂者思路杂乱、逻辑不清，而使用模糊语言者思路是清晰的，目的是明确的，语言本身也符合语法逻辑。

当然，大多数情况下沟通的语言需要明确，模糊表达只是在特定情况下的权宜之计。

六、沉默

在师生沟通中，教师有意识地适当保持沉默，也是一种重要的技巧。

在师生面对面的交谈中，如果学生心有旁骛，注意力不集中，教师的沉默能起到提醒学生集中注意力、迫使他们认真参与谈话的作用。

在与学生带有说服性质的谈话中，教师的适时沉默会体现出一种自信心和力量感。因为沉默能迫使对方说话，而缺乏自信、心虚的人往往害怕沉默，要靠喋喋不休地讲话来掩饰内心的忐忑不安。

教师有意识地保持沉默也是一种有效的批评办法。例如，一个学生迷上了电脑游戏，有时还缺课，家长也拿他没办法。有一次，班主任总算在一家游戏厅里找到了他。看到他后，班主任一言不发，只是用严肃的目光默默地盯着他看，学生感到心里发虚，闷声不响地跟着班主任回学校去了。路上，两人谁也没说一句话。以后的几天里，班主任也没有找那个学生谈话，可学生自己却一直心事重重。一个星期后，这个学生自己憋不住了，主动找到了班主任。学生问：“您什么时候批评、处分我啊？”教师说：“现在你不到游戏厅去了，让我批评你什么啊？”这时，学生才如释重负地笑了。事后，这个学生对别人说：“如果当时老师骂我一顿，我可能很快就忘记了，可老师越是不吭声，我自己就想得越多。也许我一生都不会忘记当时老师的那种眼神。”

沉默时表情要严肃、眼神要专注，使学生在沉静、严肃的气氛中感受到教师的不满和责备，产生一种心理压力，并在自我反省中认识到自己的不足或过错，从而达到“无声胜有声”的效果。当然，运用这种方式要控制好时间，适可而止。

教师跟一些经常沟通的学生，如班干部等，已达到了“心有灵犀一点通”的地步，只需一个眼神，就能明白对方的意思。因此，这种无须多言的沟通方式能大大提高师生沟通的效率。

◎练习

1. 教师精神抖擞地走进教室，给新班级上第一堂课。他先做自我介绍："同学们，我姓缪……"当他正要在黑板上写"缪"字时，不知哪个座位上传出一声"喵——"，于是全班哄堂大笑。

思考一下，如果你是这位教师，你将怎样应对?

2. 认真看几次优秀节目主持人主持的谈话类节目，总结几条自己可以借鉴的语言艺术经验。

3. 邀请一位优秀教师观摩你的一堂课或一次班会，请他对你的语言表达提几条建议。

第十章 “目睹”魅力胜“耳闻”

——师生沟通的体态语艺术

科学研究发现：人们接收到的外界信息70%—80%来自视觉信息。因此，可以这样认为："耳闻"不如"目睹"。从这个意义上来说，师生沟通中的非言语交流也许比言语交流更为重要。人们能够一时停止说话，但却不能停止通过各种身体姿态有意无意地不断发出信息。所以说，教师做的每一件事都是在和学生沟通。

对于教师来说，体态语具有两方面的意义。

第一，通过正确识别学生的各种体态语来洞察学生的心理，在沟通中尽可能做到知己知彼，百战百胜。

由于人的心理和行为的复杂性，心理学还不能做到对人的心理活动明察秋毫。"你的心理我全能猜透"，这正是社会上很多人对心理学理解的典型误区。哪怕是最先进的测谎仪，在专业人士的操作下，也达不到100%的准确率。所以，社会上那些所谓的"读心术"专家基本都是不可信的。

但是，教师面对的不是陌生人，而是自己比较熟悉的学生，再加上他们还比较单纯，不太会掩饰和伪装自己，所以，教师学一点"识人之术"，逐步提升识别学生体态语的能力是完全可能的。

教师识别学生体态语的能力也许可以通过工作中经验的积累来获得，但如果能重视学习一些这方面的心理学知识，并结合工作实践多加揣摩和总结，这方面的能力会提高得更快。

第二，教师需要有效地运用各种体态语来传情达意。

没有表情的呆板说教只能让学生对教师敬而远之，他们永远不会对这样的教师敞开心扉。现在社会上有很多演讲手势等方面的培训，类似"大西瓜、小西瓜"这样的练习方法，其实不太有用，因为教师体态语的运用不能当作一种技能技巧来学，它应该是教师内心情感的真实流露。你讲的内容精彩，体态语才会精彩。教师不是演员，每位老师的体态语都有自己独特的风格。

所以，好教师应该正确地理解什么才是“身教重于言教”，什么才叫“此时无声胜有声”！只有这样，你才会成为一个魅力十足的沟通行家。

第一节　读懂学生的体态语

一、识破言不由衷的谎言

1. 注意“貌合神离”“口是心非”现象

例如，学生小吴因为今天好几科作业都没交，班主任找到了他。“你为什么没交作业？”“因为昨天晚上我奶奶生病了，家里又没别人，只好让我陪她去打吊针。”小吴虽然说得振振有词，但眼睛却看着地面。“真的吗？请你看着我的眼睛说话！”小吴还是不敢正视班主任。班主任心里已经明白了。她想：对这个父母双亡、生长在特殊家庭的孩子再也不能掉以轻心了。

又如，新来的班主任问小磊：“这次考试你两门不及格，你父母知道了吗？”只见小磊触摸了一下鼻尖，眼神飘移，然后慢慢地吐出话来：“知……道……了。”经验不足的班主任也没再问下去。可是，一个星期后，一个学生告诉班主任：小磊因为涂改成绩单被父亲发现，今天被狠狠地揍了一顿，所以不敢来上学。

从以上两个实例中我们可以认识到，“口是心非”是师生交往过程中学生常有的现象。能让教师顺藤摸瓜，探明学生真正心迹的，往往是学生表现出的体态语言。

首先，说谎的学生会不自觉地做出摸摸嘴唇、抠抠鼻子、摸摸眼皮等动作，同时眼睛不敢直视对方。这些动作与自我抚摸时的动作不同，几乎都是“蜻蜓点水”式的，目的只是挡住自己的嘴巴、眼睛可能透露出的真实信号，避开旁人探询的眼神。戴眼镜的人还会多次把眼镜拿下再戴上。不过，随着学生年龄的增长，他们会对这些明显的动作稍加修饰，变成以指尖轻触口、鼻、眼，或捂着嘴巴等。

其次，说谎的学生常常会由于紧张而出现说话结巴、口干舌燥、脸红、心跳加速、不停冒汗等生理变化，尤其是平常不太说谎的学生更是如此。有人还会以频频点头、鼓励对方多说话来掩饰自己的不安。

另外，说谎的学生也可能有抱胸、握拳、不愿与你面对面等防卫性姿态，这说明他们正想避免自己被套出话来。而且，他们倾向于将自己的手、脚隐藏起来，尽量保持镇定。他们喜欢坐在桌椅等隐蔽物后面以寻求安全感、隐蔽感。

2. 增强对学生的了解

教师要识别学生是否在说谎，关键在于要全面了解学生。有研究显示，人们最没办法对自己的父母成功说谎。因为父母太了解自己的孩子了。孩子一出生就和爸爸妈妈进行着无数次的身体沟通，小孩子的一个眼神、一个轻微的举动，甚至上下楼梯、开关门的声音有什么异样都瞒不过父母。

教师虽不可能像父母那般了解学生，但平时多方面注意每个学生的表现是完全可能的，在此基础上，再“察言观色”，就会有十分的把握识破谎言。

3. 以口语技巧相配合

第一种办法：让对方有安全感。如可以跟对方说：“你把实话说出来吧，不要紧，事情不会很严重的。”

第二种办法：让对方在得意忘形时露出马脚。可以故意把自己装成很容易上当的样子，使对方对你没有戒心，从而自然地把心里话说出来。

第三种办法：“攻其不备”法。如在一段轻松的谈话中突然插入一句关键问话；隔一段时间后问对方同样的问题，看看他几次的回答有无出入等。

4. 以营造环境相配合

警察审讯犯人时，喜欢让犯罪嫌疑人坐在只有一张椅子、没有任何遮蔽物的房间里，再配以强烈的灯光，目的就是要营造不利于犯罪嫌疑人撒谎的环境。

教师若非常想获悉实情，识破学生的谎言，可以邀请学生到操场、校园等地方谈话，不给学生任何建立心理防线的机会，再逐渐套出学生的“真心话”，分析后确定与学生有效沟通的策略。

二、觉察心怀抵触的信号

由于学生对教师心怀抵触的强度不同，因而，此类体态语亦有程度的不同。对教师来说，最重要的是能够发现这类信号，从而有效地调整自己的沟通策略。

斜眼瞥视一般是学生对教师持有怀疑、不信任态度的表现。有些戴眼镜的学生还喜欢从眼镜上方窥视，好像要把教师的一言一行

“看”得更清楚一些。

有些学生还可能用手指触摸或轻轻地擦鼻子。这种动作与因鼻子发痒或要表示反对、否定的意思而用力擦揉鼻子不同，它显得装腔作势，并伴随着身体动来动去等。

还有些学生当着教师的面不敢明显地表达不满或厌烦，他们会用脚擦着地面来回地踢，好像要把不称心的事情踢掉。

如果学生把身体稍微移开、略微侧着身体看着教师，头部不倾斜反而伸直，背脊挺立，双手交叉放在胸前，有些胆子较大的学生还不时望望天花板、看看手表，甚至直盯着房门，说明学生对教师的抵触情绪已较为严重了。若教师未能敏感地捕捉和重视这些信号，继续自顾自地责备、刺激这些学生，这些学生的抵触情绪就会进一步加剧。

如果学生头往后仰、鼻孔朝天，呼吸急促，下意识地把握紧的拳头插在口袋中或交叉藏在腋下或放在背后，甚至有些胆大的学生双手叉腰或双臂分开双手抓住桌边，表现出一种敢于挑战权威的姿态时，聪明的教师就应该保持理智，紧急调整沟通策略，以免出现困窘的场面。

三、判断认真思考的程度

教师发出的信息能否引起学生认真思考，是师生沟通是否有效的一个重要前提。因此，判断学生是否真在思考十分重要。

手撑着脸颊是一种表现出沉思、兴趣和注意力的典型姿态。如果学生在和你谈话时用一只手或双手撑着头部，身体向前倾靠，有时还稍稍眨眨眼睛，这说明他对你所说的内容很感兴趣，并且和你的想法趋向一致。

但有时学生会把一只手放在脸上，手掌把住下颚，拇指伸到面颊上，其他手指都放在嘴边，身体略向后移，像是要离你远一点，这说明他可能对你的说法持某种批判的态度，或者有某种想法正与你相反。

头部倾斜、洗耳恭听一阵子后，用拇指和食指抓抚下巴，这种姿态被公认为是表达“很好，让我考虑考虑”的意思。年龄较大的学生在做决定时会出现这种姿态。伴随这种姿态的脸部表情往往是吊眼斜看，好像是要从远处看出问题的关键在哪里。

如果学生在思考时伴有吮吸大拇指，年龄稍大一些的有啃咬指甲或笔的行为，说明他们内心正处在焦虑、冲突之中，他们此时最需要的是寻求一种信心。如果教师这时能及时给予学生一定的支持和保证，他们就会较快地做出正确的决定。

四、捕捉接受合作的信息

师生沟通的目的和理想状况是从互相理解到达成共识、形成默契，当然，接下去以贯彻教师一方的意图为主。因此，在师生沟通中教师要一直观察对方的体态语，随时捕捉他能否合作的信息，不断调整自身的言行，特别要避免在对方已有积极合作意愿时被自己“画蛇添足”式的言行破坏。

如果对方坐姿改变、身体全都移向椅子前端，再配上充满希冀的眼神，这明显是一种热切的、愿意合作的信号。

手放在脸颊边，这个姿势代表的意义很多，从表示无聊到评估对方都有可能，但如果评估之后他对你有好感，这种姿势也可以被看作是表示某种程度的合作意愿。调查表明，如果一次会议上有 10 个人坐在椅子上，都跷着腿，其中有 5 个人手摸着面颊，那么这些手挨着面颊的人往往比较愿意与会议的组织者合作。

师生谈话时，学生挨近教师也是一种准备合作的信号。当学生对话题有兴趣并越来越热衷于讨论时，他们的身体会不知不觉地靠近教师，而且说话的声调也跟着提高。

有人还提出，在坐着交谈时，如果你的说服材料已用尽而对方仍然没有任何明确的口头表示，你可以看看对方是否有以下小动作：手腕很放松，没有握拳；手掌张开，放在桌上；拿开桌上的障碍物；用手托着下巴。如果有以上动作，即表示对方在心里已有肯定的意思，再进一步沟通就能洽谈怎样合作了。

以上列举了师生沟通时学生一些典型的体态语，教师在透视学生的体态语时还必须注意：不能只观察学生某些个别的体态语，而必须注意他们的口头语言与体态语是否一致，以及个别体态语与整体体态语是否一致。

体态语所表达的意义可因地、因人、因时、因文化背景的不同而不同，还有一些纯粹是个人习惯，所以必须仔细区分清楚。

由于师生关系中双方角色的固定性，中国学生一般不敢明显地做出一些高强度的消极动作，而更多地倾向于掩饰、伪装自己。因此，教师的心应该比一般人更细，观察力应比一般人更强，敏感度应比一般人更高。

第二节　教师自身体态语的运用

一、传神之举来自何方

有些人比其他人更擅长理解和运用身体语言，个别人甚至是这方面的专家。但实际上我们每个人每天都在无意识地进行着体态语的沟通，平时教师与学生交往时，他们的体态语大部分也都是无意识的。

研究证明，教师有意识地运用好体态语能增进与学生沟通的效能。那么，有哪些因素影响教师体态语运用的效果呢？一些专家从以下几方面做了研究。

1. 教师的体貌特征

教师的体貌特征很容易引起学生的各种联想，所以它本身就是一种天生的体态语。一般来说，长得胖胖的教师更容易让学生感到随和、亲切、易接近；而长得瘦削的教师更易给学生过于严肃、不易接近的感觉。年轻的女教师容貌秀美、声音柔和，会增强亲和力；而身材高大强壮、留着小平头的中青年男教师很容易让学生畏惧。一些白发苍苍的老教师也许会让学生更加敬重，这是因为他们毕生为教育事业耕耘、奉献，本身的形象就能引起学生由衷的尊重。

一些师范院校在招生时坚持进行面试，也是考虑到了教师体貌特征的影响。当然，教师的体貌特征主要是天生的，而教师博得学生信任和爱戴的根本还是内在的学识与修养。

2. 教师对自我形象的认识

教师对自我形象的认识即教师怎样看待自己的整体状况：是能干的还是无能的，是腼腆的还是大方的，是温和的还是严厉的，是负责的还是轻率的，是富有吸引力的还是让人讨厌的，是自信的还是羞怯的……其中也包括对自己外在形象的一些评判。

有人曾用“身体观念”这个词来说明这一概念。他们认为，“身体观念”是人对自己身体的吸引力和能力的感觉。教师如果对自我形象充满自信，形成了积极的评价，他们的体态语就会充满生机和活力，散发出巨大的人格魅力，从而对学生产生无法阻挡的影响力。

3. 适当的学习和训练

一些调查表明，那些在学生时代学习过戏剧表演、舞蹈、体操等项目的人当了教师后，大多数人不但性格开朗，而且体态语也较为丰富，更有亲和力。这就说明，运用体态语的能力在一定程度上是可以学习和训练的。

目前，一些发达国家不但在传统的幼儿师范教育中，而且在所有层次的教师教育中都开始重视教师体态语的研究和训练，还出版了一些专著。我国近几年也有这方面的研究和著作出版。

可见，对未来的教师来说，进行“有声有色”的教学和沟通将是一项必备能力。根据自身条件，发自内心地、积极自信地运用自己的体态语，加上有意识地学习和训练，你就会有传神的一举一动，你自身就会产生迷人的魅力。

二、有声有色做沟通

一些学者把教师的体态语分为几大类来进行研究，这些分类由于标准的不同而有所不同，但其中大部分研究还是侧重于教师在课堂教学中的体态语运用。这里我们着重说明教师与学生交谈时一些主要体态语技巧的运用。

1. 不可忽视的着装

即使是同一个人，穿着不同的服装也会给人以不同的感觉。国外曾有人做过一个实验：实验者在公共电话亭的电话机出币口上故意放置了几枚硬币，观察各类人怎样处置它们。结果比起穿着随便者，那些穿衬衫打领带、服装整齐的男士把硬币投入话机或不去动它们的概率较高。再以穿越人行道时遭遇红灯的情况做实验，也是那些穿着整齐的人闯红灯的概率小。这两个实验的对象换成女性后，结果也基本相同。

虽然以上实验很难推理出非常绝对的结论，但穿着整齐的人一般会给人带来信任感等正面信息，这一点是十分肯定的。所以，教师应该重视自己的着装，这是表现教师体态语最自然的手段。

适当改变自己的着装，还能影响自己的心态，从而别人对你的看法也会有所改变。例如，一位性格内向的教师一直习惯于穿深色的西装，给学生十分严肃、保守的感觉。有一次，这位教师要接任一个新班的班主任。听了其他教师的建议后，他在第一次亮相时改穿了颜色鲜亮的西服，戴了闪闪发光的新眼镜，结果，给学生留下了活泼开朗的印象。后来他发现，随着自己穿衣风格的逐步改变，自己的性格也在朝着外向、开放的方向发展。

当然，教师在着装时必须注意，如果穿得太前卫，甚至“领导时装新潮流”，往往会造成消极的后果。

所以，教师着装的基本要求应该是活泼而不失庄重、时尚而不张扬，并且比较符合自己的个人风格。

2. 眼神的妙用

眼神虽然只是面部表情的组成部分，但由于它非常重要，表达的信息又十分丰富，所以人们一直认为它是“心灵的窗户”。甚至如果要从事一些专门职业（如演员），还需对眼神（他们称之为“眼技”）进行专门的训练。作为人类灵魂工程师的教师，也应掌握它的妙用。

（1）眼神的一般用法

眼神的主要作用是向对方表示友好、重视、关心等。例如，在课堂上，主讲教师对来听课的新同事不时施以目光注视，这是在对他表示尊重和友好，同时也为树立这位新教师在学生心目中的威信做了良好的铺垫。又如，教师在召开学生座谈会时，对那些坐得离老师较远或没有机会发言的学生微笑着多看几眼，这些学生就会感到自己并未被忽视。

眼神交流也是调节沟通双方心理距离的手段。当沟通双方的身体距离较远时，可以用多注视对方的办法来拉近心理距离。相反，如果双方距离很近，尤其对方是一位同自己没有亲密关系的异性时，适当转移视线就可以使大家都不感到窘迫。

眼神的不同状态传递着人的不同心理状态。一般认为，视线朝下意味着紧张或怯弱，视线往左右岔开表示排斥或拒绝，直视和凝视不动的视线有敌对的意味或表示受到了严重的打击，而视线喜欢略微上扬的人则充满自信并性格强悍。

教师可以了解甚至训练一下自己的眼神，让自己的目光再灵动一些，影响力再大一些。

（2）注视学生的艺术

在师生沟通中，师生之间面对面的谈话最为重要和常见。教师对学生的注视一般分为以下几种。

①严肃注视。需要严肃注视时，眼神要集中在对方脸上以双眼为底线、前额为上顶角的三角区内，视线一般要直，不能眼珠乱转，面部表情要严肃认真，目光要带有锐利感而不僵直。要让学生认识自己的错误行为时，严肃注视可能让学生心灵受到震撼，从而吐露实情。

从犯错误学生的角度看来，教师严肃注视的眼神往往包含了威严、信任、诚意、希望等诸多信息，使他们不得不承认错误。

②关注注视。需要关注注视时，眼神要集中在对方脸上以两眼为底线、嘴为下顶角的倒三角区内，目光要亲切、柔和、自然，表情不能过于严肃或过于随便，目的是让学生感觉到被注意或得到鼓励，接受良性暗示，从而能积极地思考、认真地与教师沟通。

③亲密注视。这种注视的眼神集中在对方脸上以两眼为底线、胸部为下顶角的倒三角形部位。教师在与学生进行个别谈话时，除了以批评为目的外，一般都可以使用这类注视，这样会让学生感受到关心、体贴，产生温暖效应。运用亲密注视必须发自内心、出于真情，不能矫揉造

作、故作亲密，还必须注意学生的年龄和性别差异。

（3）消极眼神面面观

教师应尽量避免使用的消极眼神按程度排列，大致有以下几种。

①垂视。眼睑低垂，目光指向地面，让学生感到教师“拒人千里之外”，无意与自己沟通。

②漠视。毫无表情地面对学生，或冷漠地注视学生，让学生感到教师瞧不起自己，进而产生自卑感。

③侧视。侧目视之，又称“斜视”，让学生感受到鄙视和轻蔑。

④盯视。目光不流转，甚至伴随瞪眼，在带有一定威慑力的同时很容易引起学生的不安和害怕。

⑤怒视。在瞪大眼睛盯视的同时伴有眉毛竖起、牙齿紧咬等愤怒表情，如果再步步靠近学生，又可称为“逼视”。这种眼神会引起学生巨大的恐惧，对他们的心理造成伤害，同时，可能引起学生严重的对立情绪，甚至引发冲突。

除一些特殊情况外，教师要尽量避免使用上述消极眼神。

3. 面部表情的三大类别

根据使用频率的不同，我们可以把教师的面部表情分为以下三大类。

（1）经常性的面部表情

①表示亲切、友善的面部表情。

基本状态：双目微眯，嘴角微翘，面露微笑。

这种亲切和善的表情是与学生建立并保持心灵沟通的前提条件，是进入学生情感世界的通行证，也应该是教师在工作中的常态表情。受传统教育思想的影响，许多教师潜意识中一直保持着“师道尊严”

的观念，以得到学生敬畏为满足。所以，要真正呈现亲切、友善的表情，要先从观念的改变着手。

②表示满意和赞扬的面部表情。

基本状态：眼睛略闭，嘴角上翘，面露微笑，有时还伴有点头动作。

这是一种带有评价意味的面部表情，用于对学生良好行为的评价。这种表情不管是有意做出的还是无意做出的，都对学生有鼓励效果。

③表示关注、饶有兴趣的面部表情。

基本状态：眉毛微微上扬，双眼略睁大，常伴口部微张、嘴角上翘。

良好的师生沟通的基本前提是教师对学生及其活动的关心和重视。这种面部表情能表达关心和重视，还含有鼓励的成分。

（2）偶然性的面部表情

①表示询问及疑问的面部表情。

基本状态：眉毛上扬，眼睛略睁大，嘴巴微张，与表示关注的表情相似。

这种表情一般用于与学生谈话时询问某些情况，鼓励学生说出真相，但这类询问常常是教师已明白或已有猜测，只不过是有意激发学生思考和倾诉而已。

和询问相比，疑问的不同之处主要在于它实际带有怀疑的成分，有时还含有不满的意味。所以，疑问往往以眉头微皱、微带否定性的声调为特征。

试用以上两种不同的面部表情说“今天的内容弄懂了没有？”这句话，就可以体会出两种问法的不同。

②表示严肃认真。

基本状态：眉毛微皱，双唇抿在一起，眼睛略睁大。

除讲解一些严肃、庄重的内容外，教师主要在对学生进行批评教育时使用这种表情。使用这种表情时教师应注意两点：第一，这种表情只能为一时特殊需要而用，教师如果终日严肃、难见笑容，学生绝对不会喜欢与其接近，更难谈沟通；第二，在批评教育学生时，要把严肃认真的表情与亲切友善的表情巧妙地结合起来运用。教师既要能当“严父”，又要能当“慈母”。一般策略是先“严”后“亲”，当然也可根据实际情况灵活组合。

（3）应尽量避免的面部表情

①强烈的愤怒。

基本状态：眉紧皱，眼圆睁，牙关紧咬致使双唇紧抿。

这种表情很容易把教师的理性淹没，无助于解决问题。

②明显的蔑视。

基本状态：眼微眯，嘴角下垂，嘴向一边撇去。

这种表情会极大地伤害学生，应严禁使用。

③羞怯。

基本状态：最明显的表现是脸红，伴有手足无措、语言结巴等。

新教师应注意防止出现这种情况。

另外，可能损害教师形象的一些表情，如表示厌烦、无可奈何、卑怯庸俗等的表情也要坚决杜绝。

4. 其他体态语的功能

（1）手势语

一次，一个男生的无礼行为惹恼了教师，于是，教师把这个学生的家长叫到学校来。一见面，余怒未消的教师就对家长说："你的儿子啊，闯祸的本事在班里名列前茅（一边说，一边还向家长伸出了自己的大拇指），可是学习成绩呢，却一直排在班级的最后几名（又向家长伸出了自己的小拇指）！你叫我拿他怎么办呢？"家长一看教师用这样的方式说话，气愤地和教师争吵起来。

上述例子中教师使用了不恰当的沟通语言，两个手势语对冲突的产生也有明显的推波助澜的作用。所以，教师不能忽视手势语的作用。

手势语的运用看似复杂，其实只要掌握几种常用的手势语，并弄清使用时应注意的问题，一般都可以举一反三、灵活运用。

①手指的运用。

竖起拇指向上是表示肯定、称赞、首屈一指等意义，运用时必须和面部表情密切配合，否则会有应付或讽刺意味。但切忌用大拇指指向身体外侧并晃动几次，因为这个手势表达的是严重的蔑视，会大大损害教师本人的形象。

食指也许是使用最多的手指，但切忌用食指指向学生并做斥责性的上下点动。另外，蔑视性地伸出小指伤害学生的自尊心也绝不可取。

②手掌的运用。

单手上抬、掌心向上指向某学生，可

表示介绍、请求发言的意思。

双手上抬、掌心向上，除表示起立外，在与学生谈话时可表示自己很诚恳，可以信任。

亲切温和地招手、恰如其时地带头鼓掌等都是积极的体态语。而讽刺性地鼓倒掌、宣泄性地拍桌面都不会收到好的教育效果。

③双手与手臂的位置。

与学生谈话时，教师若把双手随意相叠在身前或配以恰当的手势，学生会感到亲切、真诚与愉快。若把双手背到身后，会给学生盛气凌人、高高在上的感觉。因此，除监考、巡视时教师可适当背手外，一般不应该出现背手行为。

另外，双臂交叉置于胸前，无论是对教师还是对学生来说，都是一种消极的体态语，应该尽量避免。

（2）空间语言

教师的空间语言一般由身体的指向、身体的倾斜度、与学生的人际距离、方位角度等要素组成。这里简单说一说师生双方面对面交谈时需要注意的几个方面。

①身体的指向。身体的指向可分为面对面、肩并肩、V字形等几种类型。面对面的指向通常表示一种让交流不被打断的愿望，交流双方的关系要么亲密，要么敌对。两人肩并肩坐下，互相转头对视，可形成一种“促膝谈心”的良好状态。V字形的指向最为灵活也最常用，可表达多种含义。

②身体的倾斜度。在与学生面对面谈话时，教师的身体适当向学

生倾斜可以使谈话变得更融洽，但如果倾斜的角度在75度以上，则可能演变成一种压力，因为这样侵犯了学生的个人空间，其表达的意思可能是“我不相信你”“你最好讲清楚”或“你最好同意”。如果要给学生减轻压力，使他们能较为放松地与教师交谈，教师可向后倾斜一点，但不能向后倾斜太多，因为太向后倾会给人一种对谈话不感兴趣的印象。

③与学生的人际距离。一般把人际距离分为四种：亲密区（45cm以内），这是拥抱、说悄悄话的距离；个人区（45—120cm），这是朋友等交谈的距离；社交区（120—350cm），这是团体讨论、宴会交往的距离；公共区（350—750cm），这是途中打招呼、摆手致意的距离。教师要根据师生间的关系，不同的情境，学生的年龄、性别、个性差异等因素灵活运用。

④方位与角度。在沟通中教师与学生坐在什么位置，相互间的位置关系与角度，都会直接影响沟通的效率。

以上空间语言的几种要素必须有机地配合起来运用，不能机械地照搬。

◎练习

1. 根据自己的想象，补写出下面文章中有关体态语部分的描述。

放学了，小芳拎着书包，推开自家大门，__________地朝房间走去。

妈妈好像生了一对顺风耳似的，再小的脚步声都逃不过她的耳朵。她用温柔但不容抗拒的声音唤住女儿：

“考得怎么样？成绩单呢？”

“哦，还不知道，成绩单还没发下来……”小芳的脖子__________了一下。

“怎么会这样呢？每年不都是这时候发成绩单吗？”

“可能是教务处更新电脑设备的缘故吧，今年比较晚。”小芳摸了一下__________，将__________向他处。

“妈妈昨天给老师打过电话了，他说你上课老是不专心，成绩退步了许多。”妈妈假意刺探着。

小芳霎时__________，__________张得大大的，心里暗自叫苦：“哇！那个讨厌的矮个子老师。”

2. 请你把自己的一堂课录下来，反复观看自己的体态语表现。改进后再录一次，和之前的对比，看有没有进步。

3. 邀请几位同事一起，用角色扮演法练习各种教师体态语。

第十一章　游戏比你会说话

——师生沟通的团体心理训练游戏

近年来，游戏化的概念变得越来越风行。打开你的手机或者电脑，你会发现，无论是社交、购物还是娱乐，游戏化无处不在。

在《游戏化革命：未来商业模式的驱动力》一书中，作者一开头就指出，世界正在变得越来越游戏化。而另一本畅销书的书名就是“游戏改变世界”！

无疑，游戏化革命目前正在以前所未有的速度渗透到社会生活的方方面面，21世纪伴随着游戏长大的一代人，不可避免地在行为方式上受到了游戏的影响。

游戏化对教育也有重要的影响。近两年有学者在高校开设了“游戏研究”等新课程，在中小学教育中也出现了游戏化班级管理、游戏化学科课程等多方面的尝试。

多年前，笔者在学校教学和社会培训时就会穿插不少互动性的团体心理游戏，后来就把这些游戏集中起来变成了一门选修课程，并把课程命名为“团体心理训练”。没想到，这门课很受学生欢迎，一开就是20年，至今还在开课，而且每年都是最受学生喜爱的课程之一。另外，笔者还为本校的MBA新生做过连续五年的团体心理训练，深受学生欢迎。

有人总结得好：游戏比你会说话。游戏教学效果好，只要提到“游戏”这两个字，学生的眼中马上就会放光，这一点很多老师深有体会。但这背后的心理学原理很难一下说清楚，所以这里暂且不加讨论。

这次恰逢本书修订，笔者觉得团体心理游戏的内容必不可少。因为对于中小学生来说，开展团体心理游戏的过程本身就是师生之间及学生相互之间深入沟通的过程。很多沟通的话题都可以凭借团体心理游戏这个有趣而丰富的形式来展开。而且，游戏化教学目前还在向线上线下相结合的方向快速发展。

本章选择了一些笔者和笔者的学生（都是中学心理辅导教师）亲身实践过的团体心理游戏的方案与大家分享，让大家了解在中小学班级活动中，如何借助团体心理游戏达到良好的师生沟通效果。每个方案总时长为 35—40 分钟，符合中小学课程的时长设置。游戏环节之间的过渡以及游戏总结都有可供参考的指导语，便于广大教师选用。

第一节　破冰游戏

破冰游戏可以帮助团体成员之间加深了解、增进沟通，并有助于建立安全、温暖的团体氛围，适合团体建立初期使用。教师可以通过游戏的体验、共创的经验引导学生进行讨论和分享。

游戏一　疯狂动物城

【目标】促进学生交流，鼓励学生进行初步的自我介绍，帮助学生互相认识。

【总时长】35 分钟。

【适用学段】小学、初中。

【开场指导语参考】

同学们好，由于我们是一个新的集体，大家彼此之间可能还不熟悉。今天我们就通过一些有趣的游戏来认识身边的同学，同时也让老师认识一下可爱的你们。我们先来玩一个“动物园里有什么”的小游戏，热身一下。

活动一：动物园里有什么

【时长】5 分钟。

【目的】用热身游戏导入，并根据需要将学生分组，便于后续活动。

【道具】音响。

【活动实施】

1. 引导学生在场地中间围成一个圆圈。

2. 教师播放欢快的音乐，学生开始绕圈走。

3. 当教师停止播放音乐时，学生继续绕圈走，同时问教师："动物园里有什么？"教师随便回答一个动物，比如"有老虎"，学生接着边走边问："有几只？"教师回答一个数字，例如"有 3 只"，学生根据教师报的数量，迅速抱团，落单的接受"惩罚"。

4. 可多进行几轮，建议最后一轮将所有人分成 5—6 人一组。

5. 分组后，小组成员围成圈。

6. 大组分享与讨论：

（1）在刚才的活动中，大家一起抱团，你有什么样的感受？

（2）你是根据什么来选择"团友"的呢？（如就近原则、找熟悉的人等）

（3）落单的时候，你有什么样的感受？

【过渡指导语参考】

大家聚在这个班级中是一种缘分，未来我们将在一起度过许多时光。大部分陌生人之间的相识相知，都是从姓名开始的，接下来，就要考验大家的专注力和记忆力了，让我们一起来进行下一个游戏：姓名滚雪球。

活动二：姓名滚雪球

【时长】15 分钟

【目的】增进学生之间的感情，加深学生对彼此名字的熟悉程度。

【活动实施】

1. 小组成员围坐在一起，指定一个成员开始介绍自己的爱好和名字。被指定的人是 1 号，后面依序编号。由 1 号开始报出自己的爱好和名字："我是爱打球的小 A。" 2 号重复 1 号的爱好与名字，并报出自己的爱好与名字："我是爱打球的小 A 旁边的爱看书的小 B。" 再由 3 号按规律报出自己的名字："我是爱打球的小 A 旁边的爱看书的小 B 旁边的爱画画的小 C。" 以此类推，直到全组报完，最后由 1 号将全组人的爱好和名字复述一遍。

2. 大组分享与讨论：

（1）滚雪球的过程，你觉得难吗？

（2）在记名字方面，你有什么诀窍？

【过渡指导语参考】

姓名是一个代号、一个称呼，是我们彼此沟通的门票；介绍自己的爱好则能让我们更快找到志同道合的朋友，快速建立兴趣圈子。除此之外，在建立友好关系的过程中，一个人的性格特点也是十分重要的影响因素。如果我们熟悉彼此的性格特点，或许可以在今后的生活中避免许多不必要的误会和麻烦。

因此，接下来我想邀请同学们做一个活动，请每个同学选择一种动物来代表自己的性格。老师选的是猫咪，因为老师平时喜欢安静，而且和猫咪一样，比较独立。如果你不惹我，我是挺可爱的；要是你惹了我，我就和猫咪一样，可能会伸出利爪发火哦。

活动三：我的动物图腾

【时长】15 分钟。

【目的】使学生了解彼此的性格，并通过了解他人的情绪按钮

（不能忍受的行为和事情）来规范自己日后的行为。

【活动实施】

教师引导学生选择一种动物来代表自己的性格，并且做一个动作来模仿这种动物。小组内，每人轮流猜测自己右手边的同学模仿的是什么动物。

小组内，每人依次介绍自己的性格和自己选择的动物之间的联系，并说说自己最不能忍受的行为和事情。

若时间有剩余，教师可以请一些同学在大组内介绍自己的姓名、爱好以及性格。

活动总结及延伸

【总结指导语参考】

有一部动画电影叫《疯狂动物城》，里面有许多生动有趣的动物形象，它们性格各异，都有自己的特长。我们这个集体，也因为个性独特的你们而温暖、有趣。相信在未来的日子里，我们会建立更深的联结，一起学习、成长。

【活动延伸】

活动结束后，可以请每个同学绘制一张个性名片，介绍自己的姓名、爱好、动物图腾以及其他信息，教师收集后可张贴于教室内。

【活动建议】

整个活动方案中学生之间的互动比较多，而师生互动比较少。因此，教师要寻找合适的机会加入学生中。当学生在小组内进行活动时，教师最好在每个小组停留一段时间，加入其中，以增进师生之间的互动和沟通。

游戏二　众里寻他

【目标】1. 增进班级同学之间及师生之间的相互了解；2. 引导学生认识并接纳人与人之间的差异，让他们明白正因为彼此不同，沟通需要一定的技巧。

【总时长】40 分钟。

【适用学段】初中、高中。

【开场指导语参考】

同学们好，虽然我们已经相处了一段时间，但我们彼此之间还不太熟悉，有些同学可能比较慢热。我们今天就通过一些活动来进一步了解周围的同学。

活动一：众里寻他

【时长】20 分钟。

【目的】使学生之间对彼此有更深的认识，增进同学间的感情。

【道具】活动卡。

【活动实施】

1. 每人根据手中的活动卡，在 5 分钟内找到相应的同学，并请他（她）签名，看谁得到的签名最多。

众里寻他活动卡	
班级：　　　　姓名：　　　　学号：	
特征	签名处
1. 会游泳	
2. 电脑技术熟练	
3. 喜欢唱歌	

续表

4. 骑自行车上学	
5. 当过志愿者	
6. 在校运动会上获过奖	
7. 喜欢读小说	
8. 理科为强项	
9. 九月出生	
10. 补过牙	

2. 分享与讨论：

（1）你找到了多少同学给你签名？你是怎么做到的？

（2）在活动过程中你的心情是怎样的？有没有让你感到意外的结果？

【过渡指导语参考】

通过这个活动，大家对班里同学有了进一步的了解，下面我们稍稍改变一下游戏规则，进行第二轮挑战。

活动二：蓦然回首

【时长】20 分钟。

【目的】引导学生认识并接纳人与人之间的差异。

【道具】活动卡。

【活动实施】

1. 引导学生在活动卡的表格内填上自己的答案。

2. 让学生在 5 分钟内，寻找至少有一个答案和自己相同的人，邀请他（她）在签名处 1 签名。

蓦然回首活动卡			
班级：	姓名：	学号：	
特征	你的答案	签名处 1	签名处 2
1. 你最喜欢的颜色			
2. 1—20 中你最喜欢的数字			
3. 用一个词形容你对学校的印象			
4. 写一个你崇拜的人			
5. 随手画一个图形			
6. 你最喜欢的季节			
7. 你喜欢和什么样的人相处？写出他（她）的一个特质			
8. 你讨厌和什么样的人相处？写出他（她）的一个特质			
9. 用一个词描述自己			
10. 写一个新学期愿望			

3. 分享与讨论：

（1）你是怎么找到和你有相同答案的同学的？

（2）找到和自己有相同答案的同学时，你的心情是怎样的？

（3）找不到和自己答案相同的同学时，你的心情是怎样的？你会困惑于“我与别人不同”吗？你有没有想过偷偷改一下答案？

4. 改变规则，让学生在 5 分钟内，寻找 10 个答案都与自己不同的同学，邀请他（她）在签名处 2 签名。

5. 分享与讨论：

（1）这一轮，你的心情与之前有什么不同吗？

（2）生活中你会因为寻求相似 / 认同而妥协甚至放弃自我吗？

（3）游戏中我们看到和自己不同的人，很开心地请他（她）签个字；但生活中遇到和自己不同的人时，你通常会怎么做？

（4）你能回忆出在签名处 2 签名的这些同学的答案吗？当我们过分关注结果的时候，是不是忽略了眼前的人呢？对此，你有什么思考和发现？

活动总结与延伸

【总结指导语参考】

在生活中，两个人从陌生到成为朋友，很多情况下是因为彼此相似，或者有很多共同的爱好、共同感兴趣的话题。在某些时刻，为了融入集体，我们也可能会做出一些不是自己最想要的选择，从而避免孤单。但不可否认的是，人生而不同，就像世界上没有两片相同的树叶。况且，人的心灵比树叶上的脉络更复杂，这就注定我们不能用别人的坐标系去定位自己，同时也不能用自己的思维去要求别人。也正因如此，我们才需要沟通与理解，希望同学们今后能求同存异，共创未来。

【活动延伸】

邀请学生在自己班里或去其他班找两个自己不太熟悉的同学，问对方三个自己想知道的问题，完成采访报告，锻炼自己的沟通能力和表达能力。

1. 采访对象：________________ 2. 熟悉程度：0—5 ________________ 3. 采访问题：（1）____ （2）____ （3）____ 4. 采访感想：（如怎样选择采访对象，采访过程是否顺利、不顺利时如何应对，如何成为一个好的采访者或被采访者，本次采访给你带来的感受、思考等） ____ ____ ____

【活动建议】

教师也可以填一下活动卡，和学生一起参与到签名活动中，增进师生之间的了解。在活动一“众里寻他”结束后，可以邀请符合某个特征的同学起立让大家认识一下，加深彼此的印象；也可以把第九项“九月出生”中的月份根据活动时间调整，请符合这一项的同学起立，让全体同学祝他们生日快乐，营造欢乐、温馨的班级氛围。

第二节　自我认识游戏

中小学阶段，特别是初中阶段，学生步入青春期。根据埃里克森人格发展八阶段理论，这个阶段的学生有一个非常重要的课题，就是完成自我同一性的整合。他们需要不断探索，从各方面了解自己，进而获得自信，接纳自我。教师在这个阶段也需要了解学生内心深处对自我的评价和看法，并与之探讨，帮助、陪伴学生更好地发展自我、完善自我。

游戏一　别人眼中的“我”

【目标】1. 引导学生通过同学、老师对自己的评价更好地了解自我；2. 引导学生合理地对待他人的评价，同时客观地去评价他人。

【总时长】40 分钟。

【适用学段】小学、初中。

【开场指导语参考】

每个人的性格都是丰富的，我们对不同的人可能会展现出自己不同的一面。那么，在不同的人眼中我们是什么样的呢？今天我们就来看一看自己在周围同学、老师的眼中是什么样的，让我们对自己、对彼此有更多的了解和认识。

活动一：照镜子

【时长】10分钟。

【目的】热身，引出活动主题。

【活动实施】

1. 邀请学生两人一组，面对面站立。两人一个为A，一个为B。A随意地做动作，B跟着同步模仿，像照镜子一样。

2. 角色互换，B做动作，A同步模仿。

3. 分享与讨论：

（1）游戏过程中，你有什么感受？

（2）当你被模仿的时候，你有什么发现？

【过渡指导语参考】

“不识庐山真面目，只缘身在此山中。”我们或许是自己最熟悉的陌生人，而他人的反馈犹如一面镜子，可以让我们看到自己身上的优势与不足，有些时候，我们需要借助他人来更全面地认识自我。

活动二：镜中你我他

【时长】30分钟。

【目的】利用团队资源，邀请学生互相评价，增进学生之间的了解，并帮助他们完善对自我的认识。

【活动实施】

1. 活动开始前，教师可与学生简单讨论：当我们去评价别人的时候，要注意些什么呢？引导学生注意以下几点：

（1）尽量客观地评价，不嘲笑他人；

（2）多寻找别人积极的一面；

（3）评价他人前，可先进行自我反思、自我检查；

（4）可以说缺点或不足，但要注意说话的方式和语气；

（5）无论是优点还是缺点，最好能用具体的事例来说明自己是如何得到结论的。

2. 四人一组，指定一名学生为“明星”，剩下的学生轮流说说对这个同学的了解，“明星”需要倾听、记下大家的发言，但不回应。

3. 轮流进行，直至所有人都当过“明星”，并收到了其他人对自己的评价。

4. 分享与讨论：

（1）在刚才的过程中，你有何感受和发现？

（2）面对他人的欣赏和建议，我们可以怎么做？

5. 重新从第一位“明星”开始，轮流回应刚才伙伴们对自己的评价。

活动总结与延伸

【总结指导语参考】

他人的评价确实是我们了解自我的一个重要途径，但我们也需要知道，这些评价不一定是完全正确的。我们可以接受别人眼中的“我”，也可以对这些声音持怀疑的态度。要知道众口难调，我们无法取悦每一个人，有些自己不认同的部分，可以慢慢去探索，不着急下结论，因为每个人的自我都是非常丰富的，需要多角度了解。

【活动延伸】

活动结束后，可邀请学生完成小调查，了解其他同龄人以及父母、朋友、长辈、老师眼中的自己。

小调查	
在朋友眼中，我是______的	在父母眼中，我是______的
在老师眼中，我是______的	在长辈眼中，我是______的
在_____眼中，我是_____的	在_____眼中，我是_____的

【活动建议】

在“镜中你我他”活动中，教师可以让学生口头表达对同学的了解，也可以提供纸、笔，让学生把对同学的了解写在纸上，并传递下去。可以邀请其他教师一起参与，从而增进师生之间的沟通。活动过程中要注意提醒学生在表达欣赏和建议时注意礼节。

游戏二　我的优势在哪里

【目标】1. 帮助学生认识自己的优势，接纳自己的不足；2. 增强学生的内在力量，积极陪伴学生健康成长。

【总时长】40 分钟。

【适用学段】初中、高中。

【开场指导语参考】

我们在成长过程中，不可避免地会经历一些大大小小的挫折与挑战。诚然我们有种种不足，但也一定有非常积极的力量和资源支撑着我们度过那些艰难的时刻，今天的活动就让我们一起来重新看待自己的那些缺点，并挖掘一下属于你自己的优势宝藏。

活动一：沉船历险记

【时长】15 分钟。

【目的】引导学生积极看待他人的特质，尝试用不同的视角去看待一些看似消极的特质。

【道具】信息卡。

【活动实施】

1. 分组，5—6 人一组。

2. 每组指定一个学生为船长，其余学生为船员。

3. 介绍故事背景：你们这个团队正出海打鱼，突然遭遇风暴，需要到附近的无人岛暂避，等风平浪静后返航。这时，你们发现了另一艘小船，船上有 5 个人正在呼救，但是你们自己的船已经接近满员，只能再救一个人。以下是这 5 个人的信息，船长需要做出选择，并说服船员伙伴接受自己的选择。

A. 女，性格内向，少言寡语，敏感多疑，缺乏安全感
B. 男，多动，废话很多，游手好闲
C. 女，很有心计，狡猾多变，爱搞恶作剧
D. 男，又懒又宅，自卑封闭，沉迷电子产品
E. 男，易躁易怒，一言不合就会与他人发生冲突

4. 请小组成员在组内讨论，最后派一名代表在全班分享：

（1）你们小组选的是谁。

（2）你们选他（她）的理由，如何用积极的眼光看待他（她）的特质。

5. 大组分享：在刚才的活动过程中，你有怎样的感受和发现？

【过渡指导语参考】

通过刚才的活动，我们发现一些在我们平时看来是缺点的性格特质，在特殊情境下也能转变为积极的力量。

生活中没有人是完美的，我们或多或少都有一些不足，重要的是我们如何看待它们，以及如何珍视自己所具有的优势。接下来就让我们一起挖掘一下属于自己的优势宝藏。

活动二：我的优势宝藏

【时长】25 分钟。

【目的】1. 引导学生从缺点出发探索内在的积极优势，从而建立自信；2. 通过同伴交流等方式帮助学生全面了解自身的优势，并让他们用欣赏的眼光去对待自己和他人。

【道具】纸、笔。

【活动实施】

1. 试着寻找你身上一个自己不满意的特质，尝试探寻其背后积极的意义，将其写下来，然后在组内轮流分享。教师可举自己的例子以抛砖引玉：老师小的时候很内向，不怎么会与人交往，更不用说在公开场合讲话了，但正因为有这样安静、内向的性格，让我有了很多时间和空间可以进行阅读，进行深入的思考。

2. 分享与讨论：

（1）在刚才的活动过程中，你有什么感受和新的发现？

（2）是不是所有的缺点都不用改？为什么？

3. 根据你的实际情况，写出自己的三个优势，并与同学分享。

4. 小组内每人轮流被其他同学指出优势："我认为你还有的优势是__________。"

5. 全班分享交流：

（1）通过这个活动，你是否发现了自己以前没有发现的优势？

（2）听到同学对你的"优势轰炸"时，你有什么感受？

（3）你觉得他们说的优势跟你的情况符合吗？

活动总结与延伸

【总结指导语参考】

很多时候，我们习惯于把自己的缺点放大，但其实换一个情境或角度，多一些探索，你就会发现，缺点背后也蕴藏着积极的能量，探索、挖掘、发挥自己的优势，每个人都有无限的可能。

【活动延伸】

活动后教师可以邀请学生在相关网站上进行积极心理学中 24 项积极特质的测评，从而让学生对自己的优势有进一步的了解。

【活动建议】

本活动方案旨在挖掘学生的优势，鼓励他们从积极的角度看待自己的那些“缺点”，但同时要注意提醒学生，这并不意味着缺点是没有负面影响的，只是当我们去深入地探索，或者换一个情境和对象的时候，也许它就拥有了积极的力量。

例如信息卡中的 E，他暴躁易怒，一言不合就会与他人发生冲突，这个特点一定会影响他的人际交往，但是在火暴脾气背后，也许这是一个富有正义感、有力量、直爽的人。

教师需要引导学生全面看待这些特质。教师也可以提醒自己，多用积极的眼光去看待学生，在与学生沟通时，可以指出学生的不足，但也要看到并肯定学生的不足背后蕴藏的积极能量。

第三节 情绪管理游戏

有时候，师生冲突的发生源于彼此的情绪管理错位。青春期的孩子更是敏感，情绪体验激烈。因此，教师可以通过团体活动的形式，向学生传授情绪管理的方法，和学生共同探讨恰当的情绪宣泄方式，从而使师生沟通时避免情绪化。

游戏一 我的情绪我做主

【目标】引导学生加深对情绪的认知，帮助其找到合适的情绪调节方法。

【总时长】45分钟。

【适用学段】小学、初中。

【开场指导语参考】

在生活中，我们会经历大大小小的情绪变化，很多时候，如果我们的情绪表达方式不合理，影响了他人，就会造成人际冲突。今天，我们来聊一聊生活中大家用哪些方式来调节自己的情绪。

活动一：挡不住的情绪

【目的】1. 引导学生体验兴奋、快乐、紧张等情绪，进行情绪的初步表达；2. 引导学生关注情绪体验中自己的身体感受。

【时长】10 分钟。

【道具】故事文本。

【活动实施】

1. 学生围成一个圈，每个人的右手手掌平放在他右边同学的左手食指上方；同时，他的左手食指朝上顶住左边同学的右手手掌。

2. 教师讲述《阿水的故事》，当学生听到“水”这个字时，要迅速去抓右侧同学的食指，同时避免自己的左手食指被抓。在活动过程中，学生仅可以变换手部的姿势，不能移动手臂来抓和逃。每次抓和逃后手势迅速复原，听到其他词时不能动手。

3. 游戏开始前，提醒学生留意活动过程中的情绪体验以及身体反应。可以提醒学生留意自己是否有心跳加快、出汗等反应，加深学生对情绪体验与身体反应之间联系的理解。

4. 故事材料。

从前有个小村庄，村子里有个小伙子名叫阿呆，他养了一条小狗名叫阿水。阿呆每天早上都会提着两个大水桶去村子的小河边抓鱼。

阿呆每天心情都很愉快，回家路上，野花点点，青草幽幽，一派和谐的田园风光，他的那只小狗也在他身边跑来跑去。

“阿水乖，慢点跑，别捣乱。”阿呆经常笑着说。

回家后，阿呆给小狗喂食。“阿呆喂你吃骨头，要吃吗？骨头可好吃了！”

看着小狗围着骨头急得直打转，阿呆就高兴地笑；阿水啃着骨头，阿呆就开始了一天的辛勤劳作。

狗是非常有灵性的，阿呆渴了，只需一招手，阿水就会摇头晃脑地给他衔来水壶。

他们就这样快乐地生活在这个风景如画的小山村里，怡然自得。

5. 分享与讨论：

（1）在刚才的活动过程中，你有什么感受？（被抓住了有什么感觉？成功躲开了是什么心情？抓住了别人时有什么感受？没抓住时心里有什么感觉？）

（2）当你有这些感受的时候，你的身体有没有发生什么变化？

【过渡指导语参考】

我们的情绪体验和身体反应是息息相关的。所以，在听故事的过程中，我们体验了人的几种情绪和相应的身体反应。根据心理学中的“情绪三因素”说，当我们有意识地调节身体反应时，我们也能在一定程度上调节情绪。

下面我们一起来做一个放松训练，大家在情绪反应激烈的时候，可以用这种方法让自己的肌肉放松，随之让心情慢慢平复下来。

活动二：放松训练

【时长】10 分钟。

【目的】引导学生体验放松的感觉，学习用这种方法来调节自己的情绪。

【道具】冥想指导语，舒缓的背景音乐。

【活动实施】

1. 播放音乐，关上灯，拉上窗帘，邀请学生闭上眼睛，摘下眼镜。

2. 教师用温和、低缓的语调念指导语，有意识地留白。

【指导语参考】

在你觉得已经准备好了的时候，慢慢地闭上眼睛，自然放松地聆听舒缓的音乐，外界的一切都不足以打扰你。跟着我的声音，你的心慢慢地沉静下来。

越来越平静，越来越平静。做一个深呼吸，深深的、平稳的深呼吸。慢慢地，用鼻子吸气，感受新鲜的空气慢慢从鼻腔传递到腹部，腹部慢慢隆起，再慢慢地，用嘴巴吐气，1、2、3。再次吸气，再吐气。继续把注意力放在你的呼吸上，想象甘露般的氧气滋润着你的全身，呼气时将心中的烦恼、不快、不适一同呼出。

现在，请握紧你的拳头，感受手和手臂紧张的感觉，保持 5 秒，5、4、3、2、1。现在放松你的双手，体验这种轻松的感觉。我们重复两次，握紧拳头……放松……握紧拳头……再放松……。现在，请挺直后背，绷紧你的肌肉、肩膀，感受后背紧张的感觉，5、4、3、2、1。好，现在放松后背和肩膀，感受放松的感觉。

现在，请绷紧你大腿和小腿的肌肉，脚尖用力点地，脚跟抬起离开地面，感受整个腿部紧张的感觉，保持一会儿，5、4、3、2、1。好，现在放松双腿，彻底放松，感受地面承托着脚掌的感觉……

【过渡指导语参考】

刚才我们体验了用冥想放松的方式来进行情绪调节，这只是我们调节情绪的一种方法而已。那么，大家平时还可以用哪些方法来调节自己的情绪呢？我们进入下面的活动来看一看吧。

活动三：我的情绪我做主

【时长】25 分钟。

【目的】引导学生挖掘自身及周围的资源，寻找合适的情绪调节方法。

【道具】写着各种情绪的卡片。

【活动实施】

1. 给每组分发一些写着各种情绪的卡片。

2. 从一名组员开始，组里每人轮流从卡片中盲抽一张，并用“我____（抽到的情绪词）的时候，我会________来调节自己的情绪”的句式造句。要注意调节方法，尽量不重复。例如，抽到的情绪是“伤心”时，可以造句：我伤心的时候，我会找朋友聊天来调节自己的情绪。请各组指派一名组员记录大家的答案。

3. 小组分享与讨论：

（1）哪些情绪调节方法你特别赞同？哪些情绪调节方法你不太认同？为什么？

（2）试着将情绪调节方法归类，然后看看你们小组最主要的情绪调节方法有哪些。

4. 全班交流分享，每组推荐一种情绪调节方法。

活动总结与延伸

【总结指导语参考】

有人说，青春是一场无声的兵荒马乱，我们都会经历多多少少的情绪事件，希望每个同学在这段旅程中都能做情绪的主人，安然地度过这个“暴风骤雨”期。

【活动延伸】

看见是改变的第一步，可以请学生做个一周情绪记录来提高自己对情绪的觉察程度，并思考对应的情绪调节方法，以强化活动的效果。

时间	事件	情绪感受	调节方法

【活动建议】

在实施活动“挡不住的情绪”前，建议教师做好活动纪律的提醒。通常情况下，学生在这个游戏中情绪体验会很强烈，每次“抓完”之后可能需要停顿一会儿，等学生平静了再继续讲故事。

游戏二 压力，我来拥抱你

【目标】引导学生正面应对压力，看到压力背后的价值。

【总时长】45 分钟。

【适用学段】初中、高中。

【开场指导语参考】

在中学生活中，我们面临着学业、人际关系等多方面的压力，因此，学会和压力共存是中学阶段重要的课题。

通过这次活动，我们一起看看压力背后的价值与意义，进而尝试去拥抱压力。

活动一：压力下的我

【时长】20分钟。

【目的】引导学生体验紧张情绪，初步表达压力下的情绪，引出压力话题。

【活动实施】

1. 教师介绍游戏规则：每人全程右手拇指朝上，其他四指握拳，成一个点赞的手势；当教师说“大拇指准备”时，就把做好姿势的右手放在腰间；教师说“大拇指伸出来”时，就把右手伸向前，教师说“大拇指朝下”时，就要按照指令把该手拇指朝下，教师说“大拇指朝上”时，就按照指令把该手拇指朝上；如果教师的指令中没有“大拇指”这三个字，单单说“朝下”“朝上”等，手就必须原封不动，动了就算挑战失败，淘汰下场。

2. 给所有人一些时间练习。

3. 按照小组顺序，一组一组到讲台前接受挑战（增加学生的压力体验），看哪个小组最后剩下的人最多。

4. 讨论与分享：

（1）在压力下完成任务有什么心理感受？

（2）在台下练习和到台上来接受挑战，感受有什么不同？

【过渡指导语参考】

当来到台前，感觉到被关注时，你可能就会有紧张的心情，感受到来自周围的压力，那么，在你的生活中，具体有哪些压力事件呢？

活动二：我的压力椅

【时长】25分钟。

【目的】引导学生感受压力，挖掘压力背后的价值，进而尝试去拥抱压力。

【道具】便利贴、椅子。

【活动实施】

1. 引导学生在便利贴上写下压力事件。

2. 每人将便利贴贴在椅子上，背着椅子在场地内走动，感受背负这些压力时自己身体的感觉。

3. 分享与讨论：

（1）生活中哪些事情给了你压力？

（2）背着压力椅走的过程中，你的身体有什么感受？对此你有什么想法和发现？

4. 再次带着椅子走，但是这次你可以选择自己喜欢的姿势带着它走。

5. 分享与讨论：

（1）和上一轮相比，这一轮你有什么不同的感受？

（2）你是怎么想到用这种姿势的？这一轮你与压力椅的关系给了你什么启示？

6. 请学生重新看待自己与压力的关系，将压力便利贴拿下来，写下压力背后的价值（这个事件之所以成了我的压力，是因为我在乎……），然后交流分享。

7. 将便利贴重新贴在椅子上，邀请学生坐在椅子上，体验压力椅给自己的承托力，强化积极感受。

活动总结与延伸

【总结指导语参考】

美国斯坦福大学健康心理学家凯利·麦格尼格尔与其研究团队在《自控力：和压力做朋友》一书中提出一个观点：真正有害的不是压力，而是“压力有害”这一观点。当我们看到压力背后的价值与意义，进而尝试拥抱压力时，一切就有了新的可能。

【活动延伸】

推荐学生在活动结束后阅读书籍《自控力：和压力做朋友》，观看 TED 演讲视频《如何让压力成为你的朋友》。

【活动建议】

最后邀请学生坐在椅子上体验承托感，强化积极感受，如果时间允许，可以带学生做一段冥想。

第四节　生涯探索游戏

近年来，生涯教育是中小学教育的重要课题，一些孩子因为对自己的生涯发展困惑、迷茫而缺乏学习动机，甚至出现一系列行为问题。这时，教师可以提供信息，帮助学生了解外部职业世界，并与其探讨他的兴趣、能力、价值观，从而引导学生对自我有更多的了解，增强学生的学习动机。

游戏一 小小造梦师

【目标】引导学生初步认识职业世界，进行初步的生涯规划。

【总时长】40 分钟。

【适用学段】初中、高中。

【开场指导语参考】

有人说，梦想是一片海，烟波浩渺中白帆点点，总有一艘船为你漂荡；梦想是一片天，天高云淡处雁群阵阵，总有一对翅膀为你展开；梦想是浩瀚星空，星空璀璨里流光四溢，总有一个星座在为你守候，守候那美好的明天。

小小的我们，对职业世界有着怎样的认识，又有着怎样的大大梦想呢？

活动一：职业猜猜猜

【时长】10 分钟。

【目的】引发学生兴趣，初步了解学生对一些职业的认识。

【道具】职业特征资料、计分卡。

【活动实施】

1. 介绍游戏计分规则：带领者会逐步说该职业的特征，说出第一个特征即猜对者得 3 分，说出第二个特征后猜对者得 2 分，三个特征全说出才猜对者得 1 分，答错者倒扣 1 分。（可采用小组计分的方式）

2. 教师准备几个职业的特征资料做示范。

（1）教师：需要一定的表达能力；有寒暑假；教给我们知识、技能。

（2）医生：人类的生存离不开他们；穿白色的衣服上班；救死扶

伤的职业。

3. 教师准备的这些职业猜完后，要求每组想一个职业并列出这个职业的三个特征，然后轮流上台说出题目，继续进行猜答活动。

【过渡指导语参考】

看来同学们对身边的职业或多或少都有一些了解，老师这里还有丰富的职业卡片，让我们一起通过活动来认识更多的职业。

活动二：职业大市场

【时长】15 分钟。

【目的】活跃气氛，给学生提供更多的职业信息。

【道具】职业卡片、相关职业信息。

【活动实施】

1. 每人发一张写有一个职业的职业卡片（尽量每人的都不同）。

2. 教师先充当第一位领导者，开始说一个到人才市场招聘雇员的场景："这天晴空万里，我来到人才市场，寻觅我的雇员，我要了一个……，还要了一个……，看到一个……也觉得很不错。"

提到职业名称时，那个拿着对应职业卡片的人就要站起来跟着教师走。

3. 当教师说"都不要了"时，所有跟着走的人就要抢位置坐下，没抢到位置的人担任下一位领导者。

4. 以小组为单位，轮流分享在刚才的活动中出现的职业里，自己最不熟悉的职业是哪个。

5. 教师询问各小组讨论的情况，简单介绍一下他们不熟悉的那些职业。

【过渡指导语参考】

了解了那么多职业后，老师很好奇同学们对自己的未来有什么憧憬，你们又有什么梦想。带着这份好奇，让我们一起进入下一个活动。

活动三：我的职业梦想

【时长】15 分钟。

【目的】引导学生初步思考自己的职业梦想。

【道具】职业梦想卡。

【活动实施】

1. 邀请学生填写职业梦想卡。

我的职业梦想：	我选择这个职业的理由：
我拥有的资源：	我愿意为之付出的努力：

2. 邀请学生分享自己的职业梦想卡。

活动总结与延伸

【总结指导语参考】

每个人的梦想都是一颗小小的种子，而实现梦想的过程就像是给这颗种子播种、灌溉、施肥、除草。虽然追梦的旅程还很长，但现在努力付出，我们未来就不会遗憾。

【活动延伸】

可邀请学生分享追梦旅程中自己是否有榜样：

（1）在你追梦的路上，哪些人是你的榜样？

（2）你最想向他（她）学习的品质是什么？

（3）你现在可以做些什么来提升这一品质？

【活动建议】

在活动“职业猜猜猜”中，教师可提醒学生按由难到易的顺序说说某个职业的三个特征，以增加游戏的趣味性。

游戏二　梦想地图

【目标】通过活动引导学生了解生涯规划的意义与重要性以及中学阶段要做哪些准备，从而让他们对自己的职业生涯有初步的思考和探索。

【总时长】45 分钟。

【适用学段】初中、高中。

【开场指导语参考】

都说人生是一场追梦之旅，追梦的路途中我们需要做哪些准备呢？请大家一起在接下来的游戏中思考这个问题。

活动一：梦想建筑师

【时长】20 分钟。

【目的】引发学生兴趣，引导学生了解实现梦想不是一蹴而就的，需要一步步地完成。

【道具】粉笔，绳子或胶带，沙包。

【活动实施】

1.“跳房子”游戏：在活动场地中央画出一些相连的方格，每次邀请一名学生扔沙包到尽可能远的格子里，学生要单脚或双脚跳到沙包所在的格子里，捡起沙包并跳回来。

2. 分享与讨论：

（1）沙包的远近和游戏难度有什么关系？

（2）如果沙包代表着我们的理想，游戏过程中你有什么样的感受和启发？

【过渡指导语参考】

梦想看似很遥远，但我们可以提前做好准备，逐步靠近它。那么面对梦想，我们需要做哪些准备呢？让我们一起在下面的活动中来发现吧。

活动二：生涯地图

【时长】25 分钟。

【目的】引导学生进一步思考自己可以做哪些生涯准备，完善自己的生涯地图。

【道具】生涯地图活动纸。

【活动实施】

1. 邀请学生填写生涯地图活动纸。

2. 分享交流。

生涯地图活动纸

我的梦想：

目前我可以开展的有效行动：

我所了解的职业信息：

与梦想相关的我的优势、兴趣与能力：

活动总结与延伸

【总结指导语参考】

生涯规划让我们对人生有了更完整、更系统的思考，希望在座的每一个同学都能认识自己（look inside），认识世界（look outside），找到你的诗和远方（look forward）。

【活动延伸】

可以让学生针对自己的生涯地图中“目前我可以开展的有效行动”做细致的行动管理，制作梦想行动卡。

王小明的梦想行动卡	
我的梦想是：成为一名作家	
今日梦想行动：	
□ 完成小组读书任务	□ 校报投稿
□ 写读书笔记	□ 更新一章原创小说
□ 今日摘抄	□ ……

【活动建议】

学生在填写“生涯地图活动纸”中的有效行动时，可以根据 SMART 原则（具体、可度量、可实现、有相关性、有时限）写下切实有效、可量化的行动。

第五节 艺术表达性沟通游戏

近年来，心理学界有一种新兴的心理治疗方法——表达性心理治疗。它通过游戏、绘画、音乐、舞蹈、戏剧等媒介，以一种非口语的沟通技巧来介入，帮助当事人释放被言语所压抑的情感，处理情绪上的困扰，重新接纳和整合外界刺激，达到心理治疗的目的。

这种听起来高大上的方法主要用于心理治疗领域，一般人很难掌握、运用。但是，在针对一般人群的团体心理游戏中，有意识地把绘画、音乐、舞蹈、戏剧等艺术要素融合进来，倒是一个切实可行的发展方向。

目前，已经有老师（他们往往是学艺术出身，后来又学了心理学）在这方面做了一些有益的尝试，以下分享几个艺术表达性沟通游戏。

游戏一 “手指声波”传递

【目标】让成员认真体会他人手指的精细动作，经过自己的认知加工尽可能准确地再次输出，了解沟通具有主观性、表达需要形象性和准确性。

【时长】10 分钟。

【道具】音响。

【活动实施】

1. 游戏准备

人数：10—35 人；场地：室内。

2. 游戏流程

成员围成半圆，彼此处在手与手能接触到的距离内。成员左手掌心向上，右手手背向上，两手放于身体两侧，做好准备，同时闭上双眼。

音乐（如大提琴曲《自由探戈》）响起，主持人将一个“手指声波”传递给第一位成员。第一位成员感受主持人在自己掌心做的动作，待动作结束后用右手手指在自己右侧的人的掌心上做出这个动作，以此类推。间隔数秒至数十秒，主持人再将第二个“手指声波”传递给第一位成员，继续依次传递。可根据人数和音乐时长，完成 3—5 个“手指声波”的传递。待音乐播放完毕，游戏结束。

游戏结束后，请几位成员分别讲讲自己接受和传递了哪几种“手指声波”。再请愿意分享的成员讲讲自己在游戏中的体验和此刻的想法。

【活动建议】

“手指声波”动作提示：手指动作可以是任何有创意的手指动作，也可以是契合音乐总体基调的手指动作。比如舒缓的音乐可以画线条，活泼的音乐可以用点状动作，激烈的音乐可以用按压的动作，柔和的音乐可以用抚触的动作等。

【学生反馈】

“在这次游戏中，音乐开始一会儿了，我却没有收到手指声波，原因是我的位置比较靠后。我当时闭着眼，有些着急了，这时我的右手就不由自主地动了几下，使得后面的组员也传递了我的这个动作。我觉得很有趣，也有些抱歉。想不到右边的组员很敏感，好像接受了我的着急情绪。我有些开心，又为打乱了游戏传递觉得不好意思。总之，我感觉挺有收获的，谢谢大家。”

游戏二　背部节奏识别 PK

【目标】让组员感受身体互动的乐趣，也体会配合默契的快乐、舒畅以及沟通不畅的小烦恼。

【时长】20 分钟。

【道具】音乐、纸条。

【活动实施】

1. 游戏准备

总人数控制在 20—40 人，分成若干组，5—10 人一组。游戏进行时保持场地安静，让成员可以专注地感受节奏。参加游戏的人员须对选用的 10 首乐曲或歌曲都很熟悉。

2. 游戏流程

将成员分成若干小组，有几个小组就选择几位记分员。如分成四个小组，每组8人，就选4个记分员。每组内选出一位在背部拍节奏的组员，如果一组8人，1人拍节奏，7人猜曲名。

拍节奏的组员事先从计分员那里抽取写有曲名的纸条，其余组员同时背对拍节奏者。拍节奏者在第一位组员的背部拍击抽中的乐曲或歌曲的节奏。开始拍击时计时员就计时。组员感受背部节奏，说出曲名，只能说一次，不论对错与否都由记分员记录下来，不立即反馈答案是否准确。同时，记分员记下所花费的时间。

拍节奏的组员再次抽取写有曲名的纸条，在第二位组员背部拍击，其余操作同前。

等所有组员都猜完曲名后，游戏结束。记分员统计猜对几首，以及猜对的那几首总共花费的时间。

最后，根据各组答对乐曲或歌曲的数量和答题时间的比值排出名次，选出冠亚军小组。

【活动建议】

所选的乐曲或歌曲必须是参与者都熟悉的，如果是陌生的曲子，他们肯定无法通过节奏猜出来。在游戏开始时，先公布纸条抽取盒里有哪些曲子，要在十首限定的曲子范围内。可以是乐曲，也可以是歌曲。根据参与者音乐水平的不同，选择难易不同的曲子。简单的可以是儿歌或短小的歌曲，复杂的可以是交响乐片段。

背部节奏拍击者和猜曲子的组员及组员间不能互相交流提示。

【学生反馈】

“刚才玩这个游戏时我非常紧张。我是节奏拍击者，既想快，又怕组员猜错，组员猜不出的时候我想仔细拍节奏，又因为时间的流逝而紧张。没想到我们小组成员之间配合默契，虽然没拿第一，但我还是很满足的，游戏十分有趣。”

游戏三　雕塑猜猜猜

【目标】

1. 让学生感受对方和自己不一样的思路以及内心世界的善意。

2. 从两组造型的关联匹配度，看两个人沟通的默契程度。

【时长】20 分钟。

【道具】清洁的眼罩。

【活动实施】

1. 游戏准备

10—30 人，人数需要为双数以便于两两配对；足够大的游戏空间。

2. 游戏流程

两个人一组，一人蒙住眼睛，另一人设计一个动作造型，将蒙眼组员摆成这个造型，蒙眼组员心里猜测自己是什么造型，然后双方交换角色，重复一次。两轮做完，摘下眼罩，组内互相交流自己的感想，最后选几名学生在大组内分享自己的感悟。

【活动建议】

摆的造型可以是有含义的，比如字母，也可以随意摆放。

用身体感受对方的意图是一个十分有趣的过程，同时伴随不同的情绪感受，可以借这个游戏让学生仔细体会并在交流的时候充分表达。

【学生反馈】

“我蒙住眼睛时心里有点紧张，想不到我的同伴帮我摆了一个非常舒适的动作，让我躺在靠垫上，我体会到人与人之间一种柔和的情感。当时我很感谢我的同伴，后来互换的时候，我也想让同伴感觉舒适，可是又忽然发现不知道如何摆，一时有点手忙脚乱，不知道会不会让同伴觉得烦。没想到后来同伴反馈说她觉得我一定是在探索一种漂亮的造型。哈哈，没想到大家的内心想法这么不同，这也是今天的沟通游戏带给我最大的收获。”

◎练习

1. 请查找一些有关游戏化的资料或书籍与其他老师一起分享、讨论。

2. 请思考自己所教的学科能否加入游戏化的元素，如果可以，设计和制作一个游戏化的课件，在教学实践中应用该课件并及时总结。

致　　谢

本书这次修订是集体智慧的结晶。笔者当年的一些学生和学员已经在教育一线耕耘多年，他们为这次修订做了重要贡献，具体如下：

杨晶晶，华东师范大学附属东昌中学南校教师，参与撰写第一章；

于泽菲，辽宁机电职业技术学院教师，参与撰写第三章；

崔文倩，上海市光明中学教师，参与撰写第四章、第五章；

左宝珍，山西省太原市迎泽区仁杰小学教师，参与撰写第四章、第五章；

周紫薇，上海市外国语大学附属中学教师，参与撰写第十一章；

尤文超，上海市兴业中学教师，参与撰写第十一章第五节。

在此一并致谢！

屠荣生

2022 年 7 月

出 版 人　郑豪杰
责任编辑　何　薇
版式设计　孙欢欢
责任校对　贾静芳
责任印制　叶小峰

图书在版编目（CIP）数据

师生沟通的艺术 / 屠荣生编著 . —3 版 . —北京：教育科学出版社，2023.1（2023.8 重印）
（新时代教师教育丛书 / 袁振国主编）
ISBN 978-7-5191-3261-3

Ⅰ . ①师…　Ⅱ . ①屠…　Ⅲ . ①师生关系—研究　Ⅳ . ① G456

中国版本图书馆 CIP 数据核字（2022）第 202098 号

新时代教师教育丛书
师生沟通的艺术（第 3 版）
SHISHENG GOUTONG DE YISHU（DI 3 BAN）

出版发行	教育科学出版社		
社　　址	北京·朝阳区安慧北里安园甲 9 号	**邮　　编**	100101
总编室电话	010-64981290	**编辑部电话**	010-64981277
出版部电话	010-64989487	**市场部电话**	010-64989009
传　　真	010-64891796	**网　　址**	http://www.esph.com.cn

经　　销	各地新华书店		
制　　作	北京浪波湾图文设计有限公司	**版　　次**	2001 年 8 月第 1 版
印　　刷	三河市兴达印务有限公司		2007 年 7 月第 2 版
开　　本	710 毫米 ×1000 毫米　1/16		2023 年 1 月第 3 版
印　　张	18	**印　　次**	2023 年 8 月第 2 次印刷
字　　数	199 千	**定　　价**	56.00 元